Verhandlungen, Mitteilunge

und

Berichte

des

Centralverbandes Deutscher Indust

№. 101.

Herausgegeben

vom

Geschäftsführer H. A. Bueck, Berlin W., Karl

Telephon: Nr. 2527, Amt VI.

November 1905.

Berlin 1905.

J. Guttentag, Verlagsbuchhandl

G. m. b. H.

I.

Sitzung des Ausschusses
des
Centralverbandes Deutscher Industrieller
am
3. November 1905.

Der zehnstündige Arbeitstag für Arbeiterinnen.

II.

Rundschreiben und Eingaben
des
Centralverbandes Deutscher Industrieller
aus dem Jahre 1905.

III.

Literatur.

Inhaltsverzeichnis.

I.

Sitzung des Ausschusses

des

Centralverbandes Deutscher Industrieller,

abgehalten am

3. November 1905, vormittags 12 Uhr zu Berlin, im Hotel Kaiserhof.

Vorsitzender, Hüttenbesitzer R. Vopelius-Sulzbach, Mitglied des Herrenhauses: Meine Herren, ich eröffne die Sitzung und habe die Ehre, Sie namens des Direktoriums zu begrüßen.

Entschuldigt haben ihr Ausbleiben aus der heutigen Sitzung die Herren:

Geheimer Kommerzienrat Schieß-Düsseldorf,
Kommerzienrat Paul Winkler-Fürth,
Geheimer Kommerzienrat Selve-Altena,
Kommerzienrat Adolf Möhlau-Düsseldorf,
Geheimer Finanzrat Leipoldt-Aachen,
Direktor Ernst Heller-Linden-Hannover,
Direktor Schaltenbrand-Düsseldorf,
Generalsekretär Dr. Beumer-Düsseldorf,
Ministerialdirektor Hoeter-Berlin,
Generalsekretär Steller-Cöln,
Kommerzienrat Müllensiefen-Crengeldanz,
Bergmeister Engel-Essen a. R.,
Dr. Karl Goldschmidt-Essen a. R.,
Geheimer Kommerzienrat H. Lueg-Düsseldorf,
Generalsekretär Stumpf-Osnabrück,
Geheimer Kommerzienrat Dr. Haarmann-Osnabrück,
Geheimer Kommerzienrat R. Böcking-Halbergerhütte,
Kommerzienrat Dulon-Magdeburg,
Kommerzienrat Dr.-Ing. Stahl-Bredow-Stettin.

Meine Herren, bevor wir in die Tagesordnung eintreten, gestatte ich mir die Mitteilung zu machen, daß das Direktorium soeben beschlossen hat, am 9. Dezember wieder eine Ausschußsitzung zu halten. Ich darf die Herren vielleicht bitten, schon jetzt davon Notiz nehmen zu wollen.

Einziger Punkt der heutigen Tagesordnung ist:

Die Frage des zehnstündigen Arbeitstages.

Ich bitte Herrn Generalsekretär Bueck seinen Bericht darüber zu erstatten.

Generalsekretär **Bueck**-Berlin: Meine Herren, darf ich vielleicht ein paar Worte vorher an Sie richten. Ich habe den Herrn Vorsitzenden um Entschuldigung zu bitten, daß ich ihn nicht rechtzeitig unterrichtet habe; er wird vielleicht die Güte haben mir zu gestatten, das Versäumte jetzt nachzuholen. Wir haben zwei Mitglieder unseres Ausschusses durch den Tod verloren: den Herrn Direktor Dr. Dittmar in Mainz und Herrn Scherenberg, den Syndikus der Handelskammer Elberfeld und Geschäftsführer des Vereins Deutscher Eisen- und Stahlindustrieller, die ja beide zu den Mitgliedern des Centralverbandes gehören. Beide Herren haben sich an den Arbeiten des Centralverbandes lebhaft beteiligt; namentlich erinnere ich daran, daß Herr Direktor Dittmar bei allen unseren Verhandlungen über die Arbeiterversicherungsfrage mit ausgezeichneter Kenntnis der Verhältnisse stets aufopfernd mitgearbeitet hat. Beide waren treue Freunde des Centralverbandes, und ich möchte mir erlauben, dem Herrn Vorsitzenden vorzuschlagen, die Anwesenden zu bitten, sich zu Ehren des Andenkens an diese beiden verstorbenen Mitglieder von den Plätzen zu erheben. (Die Anwesenden erheben sich.)

Meine Herren, heute besteht meine Aufgabe darin, Ihnen die Vorgänge, die zu der Berufung der heutigen Ausschußsitzung geführt haben, eingehender und ausführlicher darzulegen, als es in unserem Rundschreiben vom 12. Oktober d. Js. geschehen konnte und geschehen ist.

Meine Herren, unter der Fülle der sozialpolitischen Anträge, mit denen bei jeder Eröffnung einer neuen Session der Reichstag überschüttet wird, spielen seit vielen Jahren auch die Anträge auf Kürzung der Arbeitszeit, namentlich die Kürzung der Arbeitszeit für weibliche Personen, eine außerordentlich große Rolle. Diese Anträge haben sich immer mehr gesteigert. In den letzten Jahren waren sie — auf die überaus weitgehenden Anträge der Sozialdemokraten will ich hier gar nicht eingehen — vom Zentrum dahin gerichtet, in erster Reihe einen zehnstündigen allgemeinen Maximalarbeitstag für alle Arbeiter einzuführen; wenn das nicht zu erreichen sein sollte, verlangte das

Zentrum zum mindesten für alle weiblichen Personen die Feststellung einer zehnstündigen Arbeitszeit an den gewöhnlichen Werktagen und einer neunstündigen Arbeitszeit an den Sonnabenden und an den Tagen vor Festtagen. Ein Antrag des Freiherrn von **Hertling**, auch eines Mitgliedes des Zentrums, ging dahin, noch eine größere Differenzierung einzuführen und für die verheirateten Frauen eine neunstündige Arbeitszeit und an den Sonnabenden und an den Tagen vor Festtagen eine solche von 6 Stunden festzusetzen.

Das Zentrum hat durch den Mund seines Mitgliedes, des Professors Dr. **Hitze**, kein Hehl daraus gemacht, daß es mit seinen Anträgen bezwecke, überhaupt die Beschäftigung von Frauen in den Fabriken unmöglich zu machen.

Diese immer wiederkehrenden Anträge hatten im Jahre 1902 den Herrn Reichskanzler veranlaßt, die Gewerbeaufsichtsbeamten zu einer gutachtlichen Aeußerung darüber aufzufordern, ob es zweckmäßig und ausführbar sei,

1. die nach § 137, Absatz 2 der Reichsgewerbeordnung zulässige tägliche Arbeitszeit für Arbeiterinnen über 16 Jahre von 11 auf 10 Stunden herabzusetzen;
2. die nach § 137, Absatz 3 zu gewährende Mittagspause von 1 auf 1½ Stunden zu verlängern;
3. den Arbeitsschluß an den Samstagen und an den Vorabenden der Festtage auf eine frühere Stunde als 5½ Uhr zu verlegen und auf welche, und zwar allgemein oder nur für einzelne Industrien.

Infolge dieser durch den Herrn Reichskanzler von den Gewerbeaufsichtsbeamten eingezogenen Gutachten sah sich das Direktorium des Centralverbandes veranlaßt, unter dem 28. Juli 1902 seine Mitglieder gleichfalls aufzufordern, sich über diese drei Fragen zu äußern. Meine Herren, der Aufforderung des Direktoriums ist dankenswerter Weise in sehr umfangreichem Maße von den Mitgliedern Folge geleistet worden. Es haben sich geäußert 12 Handelskammern — ich hebe hervor, daß darunter sich auch die Handels- und Gewerbekammer von Schwaben und Neuburg in Augsburg befand —; es sind Gutachten eingegangen von fast allen dem Centralverband angehörenden industriellen und wirtschaftlichen Vereinen und von 102 einzelnen großen Firmen. Daß unter den Vereinen besonders die Textilvereine vertreten waren, versteht sich fast von selbst.

Meine Herren, alle diese Gutachten, die von Mitgliedern eingegangen waren, haben sich ohne Ausnahme verneinend ausgesprochen. Sie haben gesagt, daß die von dem Herrn Reichskanzler bezeichneten

Aenderungen des § 137 der Reichsgewerbeordnung weder zweckmäßig noch ausführbar seien.

Meine Herren, die Antworten bezogen sich auf die fabrikmäßige Herstellung folgender Erzeugnisse: Chemikalien, Zement, feuerfeste Steine, Ziegel, Ofenkacheln, Zigarren, Tabak, Schokolade, Glas, Gummi, Kautschuk, Margarine, Nudeln und andere Teigwaren, Zucker, Konserven, Kurzwaren, Papier, Zellstoff, Pulver, Schuhe, ferner auf Buchdruckereien und lithographische Anstalten, auf Färbereien und Waschanstalten, auf Berg- und Hüttenwerke, Fabriken von Maschinen und Metallwaren, weiter auf die gesamte Textilindustrie.

Sie sehen also, daß ein außerordentlich weites Gebiet unserer Industrie von der Maßregel betroffen worden ist.

Meine Herren, diese eingegangenen Gutachten veranlaßten in ihrer Einstimmigkeit das Direktorium, sich in einer Eingabe vom 16. Januar 1903 an den Herrn Reichskanzler zu wenden, um ihn zu bitten, diese Aenderung der Reichsgewerbeordnung nicht herbeizuführen. Die Eingabe war begründet zunächst mit dem Hinweis auf die schwierige Lage, in der sich damals — im Jahre 1902 — die Industrie überhaupt und ganz besonders die Textilindustrie befand; sie war ausgestattet mit statistischen Angaben über die geringe Rentabilität der Textilindustrie, namentlich aber der Spinnereien; es war nachgewiesen, daß ein großer Teil der Spinnereien damals mit Verlust arbeitete. Es war in dieser Eingabe ferner nachgewiesen, daß unserer Industrie der Wettbewerb mit denjenigen Ländern außerordentlich erschwert ist, die bezüglich ihrer Produktionskosten günstiger gestellt sind und deren Lage sich überhaupt durch verschiedene Umstände günstiger gestaltet, wie beispielsweise dadurch, daß ihnen ein höherer Schutz gewährt wird als unserer Industrie, daß sie längere Arbeitszeiten haben, überhaupt in der Verwendung der verschiedenen Arbeitskräfte in viel geringerem Maße oder gar nicht durch die Gesetzgebung beschränkt sind und daß unserer Industrie im Interesse der Arbeiter Abgaben auferlegt seien, die die Industrie der anderen Länder nicht kenne. Es war darauf hingewiesen, daß diese Erschwerung sich noch wesentlich steigern würde, wenn durch das Gesetz hier noch eine weitere Einschränkung der Verwendung der Arbeitskräfte herbeigeführt werden würde. Es war ferner hervorgehoben, daß unzweifelhaft in denjenigen Betrieben, welche besonders zahlreich weibliche Personen beschäftigen, wie in der Textilindustrie, die Arbeiten so ineinander übergreifen, daß der zehnstündige Arbeitstag für Frauen unter jeden Umständen auch den zehnstündigen Arbeitstag für Männer herbeiführen würde, und es ist wohl anzunehmen, daß auch in anderen Industrien, als der Textilindustrie, ähnliche Verhältnisse obwalten könnten. Denn es hat sich später herausgestellt, daß nur 43 pCt. der überhaupt beschäftigten Arbeiterinnen in der Textilindustrie tätig sind, daß 57 pCt. von anderen Industrien in Anspruch genommen werden.

Meine Herren, dann ist in der Eingabe an den Herrn Reichskanzler eingehend die Annahme widerlegt worden, daß unter jeden Umständen in einer kürzeren Zeit durch eine größere Arbeitsfreudigkeit und -Frische der Arbeiter dasselbe geleistet werden könnte, wie in einer verhältnismäßig längeren Arbeitszeit. Entschieden wurde das bestritten bei denjenigen Industrien, in denen die Arbeit des Einzelnen lediglich von der Bewegung der Maschinen und von der Tätigkeit derselben abhängig ist, wie beispielsweise in den Spinnereien. Zugegeben wurde dieses Argument, jedoch nur mit einer gewissen Beschränkung für eine Reihe anderer Industrien, namentlich — da hier die Textilindustrie bei der ganzen Betrachtung doch im Vordergrunde steht — in Bezug auf die Webereien; da ist es wohl möglich, daß durch größere, intensivere Betätigung der Aufmerksamkeit, der Kraft und der Geschicklichkeit in zehn Stunden der Ausfall der elften Stunde einigermaßen ersetzt werden kann.

Es kommt aber dabei doch zur Erwägung, daß die intensivere Arbeitsleistung auch ganz entschieden mit einer größeren Anstrengung des Geistes und des Körpers verbunden ist, und es fragt sich, was vom hygienischen Standpunkt, der doch bei dieser Maßregel das treibende Moment bildet, für den Arbeiter und für die Arbeiterin namentlich weniger schädlich ist: die längere Arbeitszeit, in der mit größerer Ruhe und ohne die große Anstrengung gearbeitet wird, oder eine zehnstündige Arbeitszeit mit größerer Anspannung aller Kräfte und mit Hergabe alles dessen, was die Arbeiterin überhaupt leisten kann. Die Frage zu entscheiden wird vielleicht außerordentlich schwierig sein, aber sie ist doch immer wert, aufgeworfen zu werden.

Meine Herren, infolgedessen kam die Eingabe zu dem Schluß, daß diese Kürzung der Arbeitszeit auf gesetzlichem Wege jedenfalls abgelehnt werden müsse. In Bezug auf die allgemeine Verlängerung der Mittagspause auf 1½ Stunden — es ist Ihnen ja bekannt, daß jetzt schon für Frauen, die ein Hauswesen zu besorgen haben, diese längere Mittagspause gewährt werden muß —, sind fast dieselben Gründe anzuführen, die gegen die Verkürzung der Arbeitszeit sprechen. Es kommt hier aber hinzu die außerordentliche Verschiedenheit der örtlichen Verhältnisse, die es in dem einen Falle erwünscht erscheinen lassen könnten, eine längere Pause mittags eintreten zu lassen, nach denen aber in vielen anderen Fällen eine solche Maßregel ganz zwecklos sein würde, da die Arbeiterin in dem Sinne, in dem dieses Verlangen gestellt ist, keinen Gebrauch von der längeren Pause machen kann. Ebenso hat sich die Eingabe gegen einen noch früheren Schluß der Arbeit an den Sonnabenden und an den Tagen vor Festtagen ausgesprochen. Es ist darauf hingewiesen worden, daß sehr häufig in den Betrieben sich die Arbeit gerade an den Sonnabenden häuft, wo die Verpackung, die Versendung vielleicht noch im letzten Augenblick erfolgen muß. Das hängt ja mit den Verkehrsmitteln, mit dem Abgang der Züge bezw. der Schiffe an den Hafenplätzen zusammen. Also eine weitere Beschränkung könnte die Betriebe wesentlich hindern. Auch erfordert die Reinigung der Maschinen und der Arbeitsräume, um sie für den Beginn der Arbeit in der nächsten Woche in richtiger Weise instand zu setzen, doch längere Zeit, die dadurch nun auch noch mehr gekürzt werden würde. Im übrigen meinte man auch, daß die Ruhezeit von 5½ Uhr Sonnabends bis Montag früh wohl in allen Fällen genügen würde, um die Frauen instand zu setzen, ihr Hauswesen genügend zu versorgen.

Aus diesen Erwägungen kam die Eingabe zu dem Schlusse:

> „Im Namen der im Centralverbande vertretenen großen Mehrheit der Industrie bittet daher das gehorsamst unterzeichnete Direktorium Euer Exzellenz ehrerbietigst und dringend, eine einheitliche nicht internationale weitere gesetzliche Regelung der Arbeitsfragen, im besonderen die genannten Aenderungen des § 137 Reichsgewerbeordnung im Interesse der Erhaltung der deutschen Industrie geneigtest nicht in Angriff nehmen zu wollen."

Meine Herren, es ist hier gesagt worden, eine nichtinternationale Regelung möchte nicht stattfinden. Das wird ganz richtig so ausgelegt, daß der Widerspruch ein nicht so scharfer sein würde, wenn diese Kürzung der Arbeitszeit international verabredet oder, wie man so sagt, geregelt werden würde, und, meine Herren, auch bis auf den heutigen Tag spielt diese Frage eine große Rolle. Ich werde Ihnen später noch Aeußerungen des Herrn Grafen von Posadowsky vorzulegen haben, welcher auch diese internationale Regelung erwähnt.

Meine Herren, ich kann von meinem Standpunkt aus dieser internationalen Regelung eine hohe Bedeutung nicht beilegen — eine hohe Bedeutung nicht in Bezug auf die Sicherung der hiesigen Industrie, durch die anderen Länder in ihrem Wettbewerbe nicht geschädigt zu werden. Es kommt nicht nur darauf an, daß die Gesetze international gleichmäßig gestaltet werden, sondern es kommt wesentlich darauf an, wie diese Gesetze in den einzelnen Ländern gehalten und durchgeführt werden.

Meine Herren, es ist Ihnen allen bekannt, daß in der Schweiz sehr weitgehende Arbeiterschutzgesetze bestehen. Sie gehen in manchen Richtungen weiter als in Deutschland, und in einer gestern stattgehabten Vorbesprechung der Herren von der Textilindustrie wurde mitgeteilt, daß noch schärfere Bestimmungen in der Schweiz zu erwarten sind. Aber es ist gerade von der Schweiz bekannt, daß derartige Maßregeln mit einer außerordentlichen Nonchalance behandelt werden, daß für die Durchführung in der Schweiz gar keine Sicherheit geboten wird, und ob es in Italien, wo die Staatsautorität doch noch weniger in die unteren Massen dringt, anders sein würde, das ist mir sehr zweifelhaft. Also ich würde in dieser internationalen Regelung keine große Sicherheit für die Industrie erblicken.

Meine Herren, eine weitere Behandlung dieser Frage hat stattgefunden in der Delegiertenversammlung vom 17. März 1903. Es war inzwischen im Reichstag ein Antrag von dem nationalliberalen Abgeordneten Freiherrn Heyl zu Herrnsheim in Verbindung mit dem Zentrumsabgeordneten Trimborn eingegangen, der darauf gerichtet war, die Altersgrenze der sogenannten jugendlichen Arbeiter und Arbeiterinnen, die jetzt zwischen 14 und 16 Jahren festgesetzt ist, auf 18 Jahre zu erhöhen. Das ist, wenn es zur Annahme gelangen sollte, so folgenschwer für die gesamte Industrie, und namentlich für die Arbeiter selbst und die jugendlichen Arbeiter, daß man kaum begreifen kann, wie ein Abgeordneter, der doch der Industrie so nahe steht, wie der Abgeordnete Freiherr Heyl zu Herrnsheim, dazu kommen kann, einen solchen Antrag zu stellen. Aber er ist gestellt worden in Verbindung wieder mit dem Antrage, für Frauen den zehnstündigen Arbeitstag und den neunstündigen Arbeitstag an Sonnabenden und an Tagen vor den Festtagen festzustellen. Diese Angelegenheit stand nicht auf der Tagesordnung der Delegiertenversammlung. Ich war aber dringend von den Herren aus der Textilindustrie ersucht worden, in meinem Geschäftsbericht, der ja bekanntermaßen immer zur Diskussion gestellt wird und an den sich eine Erörterung anschließen darf, zu dem auch Anträge gestellt werden können, diese Angelegenheit zur Sprache zu bringen. Ich habe dieser Aufforderung natürlich Folge geleistet, und es wurde einstimmig von der Versammlung folgender Beschluß gefaßt:

„Die Delegiertenversammlung des Centralverbandes erblickt in dem zur Abänderung der §§ 135 und 137 der Reichsgewerbeordnung gestellten Antrage Heyl zu Herrnsheim, Trimborn und Genossen, Nr. 843 der Drucksachen des Reichstags, nach welchem junge Leute zwischen 14 und 18 Jahren in Fabriken nicht länger als 10 Stunden beschäftigt werden dürfen, und die Beschäftigung von Arbeiterinnen über 18 Jahre die Dauer von 10 Stunden, an den Vorabenden der Sonn- und Festtage die Dauer von 9 Stunden nicht überschreiten darf,

im Falle seiner Verwirklichung einen in hohem Maße schädigenden Eingriff in die Interessen der Industrie und der Arbeiterschaft. Die Delegiertenversammlung beauftragt das Direktorium, alle ihm erforderlich scheinenden Schritte zu tun, um zu verhindern, daß diesem Antrage von den gesetzgebenden Gewalten Folge gegeben werde."

Ich wiederhole, meine Herren, daß auch dieser Antrag einstimmig von der Delegiertenversammlung angenommen worden ist.

Meine Herren, es erfolgte dann mit Bezug auf diese im Reichstag gestellten Anträge im Jahre 1904 eine Aktion des Vereins Süddeutscher Baumwollenindustrieller in Augsburg. In einem Rundschreiben vom 7. Mai an seine Mitglieder war folgender Beschluß zur Kenntnis gegeben:

„Der Verein Süddeutscher Baumwollenindustrieller erachtet die gegenwärtig in Geltung befindlichen Bestimmungen der Reichsgewerbeordnung über die Arbeitszeit für vollkommen ausreichend und allen berechtigten Interessen der Arbeiterschaft Rechnung tragend. Ein Bedürfnis zu einer weiteren Beschränkung der Arbeitszeit kann nicht anerkannt werden, zumal dieselbe mit schweren Opfern für die deutsche Industrie, insbesondere mit einer Verringerung ihrer Wettbewerbsfähigkeit gegenüber dem Auslande notwendig verbunden ist. Sollten aber die gesetzgebenden Faktoren trotz dieser Erwägung zu dem Entschlusse kommen, eine weitere Beschränkung der Arbeitszeit gesetzlich festzulegen, so erachtet der Verein gegenüber der von der Reichsregierung in Aussicht genommenen weiteren Differenzierung der Arbeitszeit, je nach den einzelnen Arbeiterkategorien und Arbeiterklassen, einen allgemeinen zehnstündigen Arbeitstag für weitaus das kleinere Uebel. Der zehnstündige Arbeitstag für Arbeiterinnen bedeutet für die Textilindustrie praktisch ohnehin den allgemeinen Zehnstundentag. Eine verschiedene Festsetzung der Arbeitszeit für männliche Arbeiter, für verheiratete Frauen und für jugendliche Arbeiter, wie sie von der Regierung in Aussicht genommen ist, müßte noch viel störender wirken, als die Festlegung des allgemeinen Zehnstundentages.

Eine gesetzliche Festlegung der Mittagspause ist weder durch die tatsächlichen Verhältnisse geboten, noch im Interesse der Arbeiter gelegen."

Das ist der Beschluß.

In dem Rundschreiben heißt es dann weiter:

„Die Generalversammlung ist bei diesem Beschluß von der Erwägung ausgegangen, daß es sich bei der jetzigen parlamentarischen Lage und nachdem alle politischen Parteien eine gesetzliche Beschränkung der Arbeitszeit verlangen, gar nicht mehr darum handelt, ob eine weitere Einschränkung der Arbeitszeit stattfinden soll oder nicht, sondern nur mehr darum, ob die oben angegebenen komplizierten Einzelbestimmungen oder der glatte Zehnstundentag Gesetz werden sollen. Aus triftigen Gründen ist der letztere vorzuziehen."

Meine Herren, dieser Beschluß war nicht für die Oeffentlichkeit bestimmt; er war aber doch allgemein zur Kenntnis gekommen und hat damals außerordentliches Aufsehen erregt. Denn in der ganzen sozialistisch fortgeschrittenen Presse wurde einfach der Verein Süddeutscher Baumwollenindustrieller „wegen seiner einsichtigen Handlung" gelobt; es wurde mitgeteilt, daß er sich entschieden für den Zehnstundentag ausgesprochen habe. Daß dieses nur bedingungsweise geschehen sei, wurde natürlich nicht gesagt.

Im übrigen aber, meine Herren, stellte sich heraus, daß dieser Beschluß in der Generalversammlung nicht redaktionell festgestellt worden war, sondern erst später, und daß der Wortlaut dieses veröffentlichten Beschlusses dem in der Generalversammlung gefaßten Beschluß nicht entsprochen hatte. In der Generalversammlung war, in der Befürchtung, daß die Verbündeten Regierungen den mehrerwähnten Anträgen mehr, als die Industrie vertragen könne, nachgeben werde, die Ansicht vertreten worden, daß es sich empfehle, den Regierungen gleich jetzt zu sagen, wie weit man bezüglich der Textilindustrie gehen könne, ohne sie zu ruinieren. Die zehnstündige Arbeitszeit für die Arbeiterinnen und jugendlichen Arbeiter könne man als äußerste Konzession zugestehen, dagegen aber müsse verlangt werden, daß jede andere Differenzierung den Männern gegenüber fortfalle, damit die männlichen Arbeiter unbehindert 10 Stunden arbeiten könnten. So sei es geschehen, als man im Jahre 1890 freiwillig die Arbeitszeit von 12 auf 11 Stunden herabgesetzt habe. Diesen Ausführungen habe die Generalversammlung zugestimmt; an die Feststellung eines gesetzlichen Arbeitstages sei in der Generalversammlung nicht gedacht worden.

Meine Herren, als das Direktorium des Vereins Süddeutscher Baumwollenindustrieller erkannte, welches gewaltige Aufsehen dieser Beschluß im ganzen Deutschen Reiche hervorgerufen hatte, hat es sehr bedauert, daß die Formulierung des Beschlusses so, wie geschehen, veröffentlicht worden ist. Das Direktorium hat es aber nicht für zweckmäßig erachtet, nachträglich eine Korrektur vorzunehmen.

Also, meine Herren, daß sich der Verein Süddeutscher Baumwollenindustrieller damals für unbedingte Einführung eines zehnstündigen Maximalarbeitstages ausgesprochen hat, ist nicht richtig. Dieser Beschluß hat zur Folge gehabt, daß angenommen worden ist, der Verein Süddeutscher Baumwollenindustrieller stehe auf diesem Standpunkt.

Im übrigen, meine Herren, möchte ich bemerken, daß dieser ganze Beschluß auf Sand gebaut war. Denn wenn der Verein sagte, wir konzedieren den zehnstündigen Arbeitstag, wenn alle anderen differenzierenden Bestimmungen wegfallen, so daß die Männer in ihrer zehnstündigen Arbeitszeit vollständig unbehindert sind — so mußte jeder, der mit der Strömung im Reichstage und mit den Anschauungen unserer Regierung irgendwie vertraut war, die gestellte Bedingung als unerfüllbar erkennen. (Sehr richtig!) Die Bedingungen für die verheirateten Frauen, daß sie früher weggehen könnten, die Bedingungen für die Pausen der jugendlichen Arbeiter, die Bedingungen für den Schluß der Arbeitszeit an Sonnabenden und an den Tagen vor Festtagen sind nicht mehr aus der Welt zu schaffen. Denn in allen diesen Dingen gibt es nur ein vorwärts, ein rückwärts in unserer Gesetzgebung ist nicht zu erwarten. (Sehr wahr!) Daher, meine Herren, war dieser Beschluß fehlsam, er hatte keine Unterlage.

Meine Herren, aber dieser Beschluß und das Aufsehen, welches er hervorrief, hatte das Direktorium mit dazu veranlaßt, diese ganze Frage wieder auf die Tagesordnung der Generalversammlung vom 5. Mai d. J. zu setzen. Das Referat erstattete damals, wie Sie sich erinnern werden, mein Stellvertreter, Herr Regierungsrat Dr. Leidig.

Meine Herren, es wird vielleicht interessant sein, aus seinem Referat und aus seiner Begründung einige Punkte hier hervorzuheben.

Zunächst, meine Herren, möchte ich sein Urteil über die Gutachter, die der Herr Reichskanzler angerufen hat, hier in einem Satze wiedergeben. Herr Regierungsrat Dr. Leidig sagte:

„Ich muß aber von vornherein bemerken, daß sich auch bei diesen Gutachten zeigt, daß zahlreiche Männer, auch in amtlichen Stellungen, sich doch nicht genügend widerstandsfähig halten gegen Strömungen, wie sie jeweils in den einzelnen Zeiten mächtig werden. Ich glaube, jeder, der diese Gutachten und Berichte der einzelnen Gewerbeinspektoren durchliest, wird zu der Anschauung kommen, daß bei einer Reihe der Gutachter eigentlich die Anschauung über das Schlußergebnis, zu dem sie kommen wollten, schon von vornherein bei dem Beginne der Untersuchung feststand — feststand umdeswillen, weil sie, wie ich mich schon ausdrückte, von vornherein in dem Bann derjenigen Erörterungen und derjenigen Anschauungen standen, die von weiten sozialpolitischen Kreisen, wie gesagt, vertreten werden, daß eine Verkürzung der Arbeitszeiten der Arbeiterinnen notwendig sei."

Ich glaube, dieses Urteil ist ein durchaus zutreffendes und man sieht, wie solche Stimmungen für das beabsichtigte Vorgehen der Regierung fruktifiziert werden.

Meine Herren, der Herr Regierungsrat Dr. Leidig hat dann eine sehr wertvolle Statistik über die Beschäftigung von Arbeiterinnen gegeben. Er teilte mit, daß am 1. Oktober 1902 unter 4 894 108 beschäftigten Arbeitern 860 087 Frauen und Mädchen sich befanden. Ich glaube, daß jetzt bei der starken Beschäftigung der Industrie der Prozentsatz vielleicht noch ein stärkerer sein wird.

Meine Herren, der Herr Referent teilte dann aus der Zusammenstellung der Gutachten der Gewerbeaufsichtsbeamten, die in einem starken Bande veröffentlicht worden sind, mit, daß ungünstige Einwirkungen der jetzt zulässigen längeren Arbeitszeit auf die beschäftigten weiblichen Personen in keiner Weise festgestellt seien, was doch in hohem Maße bedeutungsvoll ist. Er führte dann den Nachweis, daß, dem Zuge der Zeit folgend, von Industriellen freiwillig lange Arbeitszeiten gekürzt worden seien, daß dieser Prozeß sich in den letzten 20 Jahren in sehr merkbarer Weise vollzogen habe und voraussichtlich auch weiter noch vollziehen werde. Er stellte dann, in voller Uebereinstimmung mit allen industriellen Gutachten, fest, daß, wie ich schon erst bemerkte, wie es auch in unserer ersten Eingabe ja hervorgehoben ist, die zehnstündige Arbeitszeit für Arbeiterinnen in der Textilindustrie in den allermeisten Fällen die zehnstündige Arbeitszeit für Männer herbeiführen würde.

Meine Herren, dann war in dem Referat weiter ein Argument hervorgehoben, welches auch in unserer Eingabe eine große Rolle gespielt hat, nämlich, daß mit der Kürzung der Arbeitszeit selbstverständlich eine Kürzung des Lohnes, des Arbeitsverdienstes verbunden sein würde. Meine Herren, dieses Argument ist bisher allgemein angewendet worden und es ist von niemand anderem schärfer, nachdrücklicher und nachhaltiger verwendet worden, wie von unserem alten, großen Reichskanzler Fürsten Bismarck. Sie finden in seinen Reden, die er gegen die zu schwere Belastung der Industrie durch die Arbeiterversicherung gehalten hat und gegen eine zu weitgehende Kürzung der Arbeitszeit später mit Bezug auf die weitgehenden im Reichstag gestellten Anträge, daß er in Vertretung dieses Arguments immer behauptet hat, daß ganz im Verhältnis zu der Kürzung der Arbeitszeit auch der Lohn sich mindern müsse.

Meine Herren, das Argument mag damals zugetroffen haben; heute halte ich es nicht mehr für zutreffend. (Sehr richtig!) Ich kann mich irren, aber es ist meine feste Ueberzeugung, daß bei den Fortschritten, welche die Sozialdemokratie und ihre Organisationen gemacht haben, bei dem Willen, die über die deutsche Arbeiterschaft durch furchtbaren Terrorismus erlangte Macht zu immer schwereren, mutwillig herbeigeführten Kämpfen gegen die Arbeitgeber, zur Störung der Arbeit zu mißbrauchen, daß bei der Haltung der öffentlichen Meinung, die sich heute fast in allen Fällen gegen die Industrie wendet — merkwürdigerweise steht diese Erscheinung im Deutschen Reich einzig in der ganzen Welt da (sehr richtig!) — und daß bei der sozialistischen Strömung im Reichstage und in den maßgebenden Kreisen unserer Regierung es nicht möglich sein wird, die Kürzung des Lohnes nach Maßgabe der Kürzung der Arbeitszeit vorzunehmen. Denn damit würde selbstverständlich ein Rückgang der Lebenshaltung der Arbeiter, an die sie jetzt gewöhnt sind, verbunden sein, der die Ursache schwerer Kämpfe werden würde. Das Verlangen den gewohnten standard of life den Arbeitern zu erhalten, würde so allgemein und mit solcher Macht hervortreten, daß die Industrie schwerlich würde erfolgreichen Widerstand leisten können.

Freilich würde der Verlauf, wie hier dargelegt, sich nur vollziehen bei andauernd gutem Gange der Industrien, der, wie gegenwärtig, mit mehr oder weniger starkem Arbeitermangel verbunden ist.

Ich will damit durchaus nicht, meine Herren, das Vorgehen der Industriellen in Augsburg billigen, die sofort mit der Kürzung der Arbeitszeit eine Erhöhung der Löhne haben eintreten lassen, sondern ich spreche hier nur allgemein von der Gestaltung, die diese Verhältnisse annehmen werden. Freilich, meine Herren, kann es ja auch anders kommen, wenn durch die Kürzung der Arbeitszeit bei gleichbleibenden, wohl auch noch gesteigerten Löhnen sich schließlich die Produktionskosten so steigern sollten, daß der jetzt schon sehr schwere Wettbewerb auf dem Weltmarkt sich noch ungünstiger gestaltet. Meine Herren! Alle Vorgänge in unserer Handels-, Wirtschafts- und Sozialpolitik nicht nur, sondern auch in den allgemeinen politischen Verhältnissen, die Gestaltung der Machtverhältnisse und der Beziehungen zwischen den einzelnen Staaten sprechen dafür, daß unsere Konkurrenzverhältnisse auf dem Weltmarkte immer schwerer werden. Sie sind jetzt schon so schwierig, daß bei dem internationalen Wettbewerb mit Pfennigen gerechnet werden muß. (Zuruf: Mit halben Pfennigen!) Wenn unter diesen Verhältnissen die von der sozialistischen Strömung erzwungene Erhöhung der Produktionskosten die Folge haben wird, daß die Arbeit sich mindert, weil unsere Industrie die Konkurrenz nicht mehr aushalten kann, wenn Entlassungen von Arbeitern eintreten und dadurch das Angebot von Arbeit die Nachfrage übersteigen wird, dann werden weder die sozialdemokratischen Organisationen, noch die Sozialisten im Reichstag, noch die Regierung die Macht haben, das Fallen der Löhne zu hindern, zu hindern, daß die Arbeiter gezwungen werden, zu einer niedrigeren Lebenshaltung zurückzukehren. Ich würde aber diesen Zustand aufs lebhafteste bedauern, denn er würde gleich zu achten sein einem Rückschritt unserer ganzen Kultur. Aber, meine Herren, wenn von unseren Machthabern auf dem jetzt verfolgten Wege immer weiter gegangen wird, dann kann es dahin kommen.

Meine Herren, ich will auf das Referat des Herrn Regierungsrat Leidig nicht weiter eingehen. Es sind die Gründe, die auch schon in unserer Eingabe erwähnt worden sind, von ihm gleichfalls hervorgehoben.

Mit Genehmigung des Direktoriums wurde in der Delegiertenversammlung vom 5. Mai folgender Antrag von ihm eingebracht:

„Der Centralverband Deutscher Industrieller ist der Ueberzeugung, daß die gesetzliche Festlegung des zehnstündigen Maximalarbeitstages für Arbeiterinnen zur Zeit für eine Anzahl Industrien erhebliche Schwierigkeiten, für die Textilindustrie insbesondere auch eine ernste Bedrohung ihrer internationalen Wettbewerbsfähigkeit herbeiführen werde, während er andererseits nicht anzuerkennen vermag, daß die jetzt in den einzelnen Industrien üblichen Arbeitszeiten zu irgendwie wesentlichen Schädigungen der Arbeiterinnen geführt haben."

„Im gegenwärtigen Zeitpunkt, wo die Existenzbedingungen weiter Kreise der deutschen Industrie durch die neuen Handelsverträge erheblich schwieriger werden wie bisher, hält der Centralverband Deutscher Industrieller eine neue Belastung der Industrie durch die Gesetzgebung für besonders unangebracht."

„Jedenfalls ist die unbedingte Voraussetzung der gesetzlichen Verkürzung der Arbeitszeit der Frauen auf 10 Stunden, daß diese gleiche Verkürzung auch in den mit der deutschen Industrie konkurrierenden Staaten, insbesondere in der Schweiz, Italien, Belgien und Oesterreich eingeführt, und daß namentlich auch von diesen Staaten ausreichende Garantien dafür gegeben werden, daß die

Durchführung dieser gesetzlichen Vorschriften unter eine ebenso sorgfältige Kontrolle, wie sie in Deutschland besteht, gestellt werde."

Meine Herren, der Vorsitzende des Vereins Süddeutscher Baumwollenindustrieller, Herr Kommerzienrat **Groß**, eröffnete die Verhandlung. Er streifte zunächst die Frage, ob bei einer kürzeren Arbeitszeit die Produktion auf gleicher Höhe gehalten werden könne. Wie ich schon vorher erwähnte, verneinte er das in Bezug auf die Spinnereien vollständig, gab es aber für andere Industrien in gewissem Umfange zu. Er wandte sich dann gegen den Herrn Referenten, der gesagt haben sollte, daß der von mir erwähnte Beschluß in Augsburg von 1904 in einer gewissen pessimistischen Anwandlung gefaßt worden sei. Das steht in der Vorrede. Herr **Groß** sagte dann wörtlich — ich muß mir gestatten, meine Herren, diesen Passus zum Verständnis der ganzen Situation vorzulesen:

„Wir haben in einem Rundschreiben an unsere Mitglieder den Standpunkt, den der Ausschuß und das Direktorium des Vereins Süddeutscher Baumwollenindustrieller einnimmt, dahin präzisiert, daß wir sagen — es handelt sich um die Frage der Verkürzung der Arbeitszeit der Arbeiterinnen —: Wir erkennen nicht die Notwendigkeit einer Reduzierung der Arbeitszeit. Wir wenden uns gegen die verschiedenen Vorschläge, die dem Reichstage vorliegen, gegen die Anträge, die von verschiedenen Seiten gestellt wurden, auf eine immer weitere Reduktion der Arbeitszeit der Arbeiterinnen je nach den verschiedenen Kategorien. Jetzt haben wir für die jugendlichen Arbeiterinnen bis zu 16 Jahren eine gewisse Beschränkung, es soll eine Beschränkung eintreten für die Arbeiterinnen von 16 bis 18 Jahren, dann wird man auf die Beschränkung bis zum 21. Jahre kommen. Ich sehe nun gar nicht ein, warum eine 20jährige Arbeiterin nicht so viel leisten kann wie eine 22jährige. Das kommt doch ganz auf ihre Persönlichkeit an. Dann ferner die Differenzierung der verheirateten und unverheirateten Frauen, ein weiterer Schutz für die, die ihr Hauswesen zu besorgen haben, dann für die Frauen die Kinder bekommen, daß man womöglich nicht nur nach der Entbindung, sondern auch so und so lange vor der Entbindung eine gewisse Schutzzeit einführen soll. Da haben wir uns dahin ausgesprochen, daß gegenüber diesen verschiedenen Differenzierungen, die ein furchtbares Durcheinander in jeder Fabrik hervorrufen müssen, der allgemeine zehnstündige Arbeitstag für die Arbeiterinnen vorzuziehen sei, trotzdem eine solche Maßregel bei den Verhältnissen der Textilindustrie bedeuten würde, daß damit auch eine allgemeine zehnstündige Arbeitszeit für die Männer eingeführt würde, was natürlich die Industrie wesentlich schädigen würde. Wir können in unserer Industrie keinen Unterschied machen zwischen männlichen und weiblichen Arbeitern. Es wird so Hand in Hand gearbeitet, daß die Arbeitszeit derselben absolut die gleiche sein muß. Aus diesen Gesichtspunkten haben wir uns dahin ausgesprochen, daß das kleinere Uebel gegenüber diesen Differenzierungen der allgemeine zehnstündige Arbeitstag für Arbeiterinnen sein werde."

Meine Herren, in der Diskussion, die sich dann an die Rede des Herrn Kommerzienrat Groß anschloß, haben der Resolution unbedingt zugestimmt die Vertreter der Ton-, der Leinen-, der Papierindustrie, der Vorsitzende des Vereins der Glasindustriellen, der Syndikus der Handelskammer in Elberfeld, ein Vertreter der Färbereien und Waschanstalten und ein Vertreter der oberschlesischen Kalkindustrie.

Der Vertreter der Leinenindustrie, Herr Direktor Sartorius, hatte erklärt, daß er als solcher der Resolution zustimmen werde, hatte aber weiter die Erklärung abgegeben, daß er persönlich für den zehnstündigen Arbeitstag sei. In Anknüpfung an diese Erklärung des Herrn Sartorius ergriff Herr Kommerzienrat Groß, der Vorsitzende des Vereins Süddeutscher Baumwollenindustrieller, nochmals das Wort und sagte:

„Meine Herren, nur wenige Worte. Ich habe aus den Ausführungen des Herrn Sartorius entnommen, daß er mit einer seiner Seelen für die Resolution stimmt, aber mit seiner anderen Seele hat er sich für den allgemeinen zehnstündigen Arbeitstag ausgesprochen (Direktor Sartorius: Ganz recht!), also auch der männlichen Arbeiter. Meine Herren, ich möchte mich auf das allerenergischste gegen die Einführung eines Maximalarbeitstages für Männer aussprechen. In dem Moment, wo Sie den intelligenten, vorwärtsstrebenden Arbeiter, der sich vorwärts bringen will, gesetzlich verhindern, mehr zu leisten als den Durchschnitt, wird die Leistung immer weiter heruntergehen. Dann haben wir zunächst nur noch Durchschnittsleistungen, und schließlich kommen wir mit dem Durchschnitt immer weiter herunter. Ja, meine Herren, das wäre der Anfang des Ruins unserer Industrie. Ich würde es für das größte Unglück für unser deutsches Vaterland halten, wenn etwas Derartiges geschehen würde." (Sehr richtig!)

Meine Herren, der Antrag wurde nach Schluß der Diskussion, der sehr bald nach den Ausführungen des Herrn Kommerzienrat Groß erfolgte, ohne Widerspruch einstimmig angenommen.

In diesem Beschluß ist vom Direktorium mit vollständiger Ueberzeugung und in vollkommener Erkenntnis der tatsächlichen Verhältnisse weder eine Erklärung für den elfstündigen Arbeitstag, noch eine Erklärung gegen den zehnstündigen Arbeitstag abgegeben. Man hat sich in diesem Antrage lediglich darauf beschränkt, Einspruch zu erheben gegen eine gesetzliche Einführung des zehnstündigen Arbeitstages für Arbeiterinnen. Das Direktorium war dabei, soweit ich seine Meinung auffassen konnte, von der Ueberzeugung geleitet, daß man dem einzelnen Industriellen einen gewissen Spielraum geben müsse, nach Maßgabe der allgemeinen wirtschaftlichen Lage, nach Maßgabe der Marktlage, nach Maßgabe der Eigenart seines Betriebes die Arbeitszeit nach bestem Ermessen und nach den gegebenen Verhältnissen dauernd oder vorübergehend in den jetzt bestehenden gesetzlichen Grenzen anzuordnen.

Also, meine Herren, ich bitte Sie, das festzuhalten, daß der Centralverband sich weder für die elfstündige Arbeitszeit, noch gegen die zehnstündige Arbeitszeit ausgesprochen hat, sondern sein Standpunkt war nur der: keine gesetzliche Regelung, da der Industrie ein gewisser Spielraum erhalten bleiben muß.

Meine Herren, bevor ich nun weiter gehe, möchte ich mir gestatten, denjenigen gegenüber — es sind das augenblicklich besonders die Herren aus Süddeutschland — die sagen, es hilft ja alles nichts, das Gesetz kommt doch, wir bekommen unter allen Umständen den zehnstündigen Arbeitstag für weibliche Arbeiter — die letzten Aeußerungen des Herrn Staatssekretär des Innern, Grafen von Posadowsky, in dieser Sache vorzulesen. Ich muß Ihre Geduld heute schon durch einige Verlesungen in Anspruch nehmen, um Ihnen eben alle Vorgänge bezüglich dieser wichtigen Frage und der von Ihnen zu treffenden bedeutungsvollen Entscheidung klar vor Augen zu führen.

In der 135. Sitzung am 7. Februar d. Js. wurde im Reichstage über folgende Interpellation Trimborn verhandelt:

> „Kann erwartet werden, daß die Verbündeten Regierungen noch im Laufe der gegenwärtigen Session dem Reichstag einen Gesetzentwurf vorlegen, durch den die regelmäßige Arbeitszeit der Arbeiter (über 16 Jahre) in Fabriken und den diesen gleichgestellten Anlagen (§ 154 der R. G. O.) auf höchstens 10 Stunden täglich beschränkt wird?"

Der Interpellant führte aus, daß das Zentrum mit seinen Initiativanträgen, seinen Resolutionen und auch mit dieser Interpellation das Ziel verfolge: in erster Linie den Zehnstundentag für Erwachsene und zwar für Fabriken, 10 Stunden ohne Pausen, und zweitens, wenn und solange dieser Zehnstundentag für Erwachsene nicht zu erreichen ist, wenigstens den Zehnstundentag für Arbeiterinnen herbeizuführen.

Ferner hätten die bisherigen Erfahrungen deutlich gezeigt, daß der sanitäre Maximalarbeitstag des § 120e der Gewerbeordnung nicht ausreicht.

Hierauf erwiderte der Staatssekretär des Innern Graf von Posadowsky u. a.:

„Man kann ferner die Richtigkeit der Erfahrung zugeben, daß mit der Verkürzung der Arbeitszeit unter Umständen das Quantum der Leistung nicht sinkt, und die Leistung sogar unter Umständen eine bessere, eine präzisere wird. (Sehr richtig! in der Mitte.) Aber dieser Koëffizient, der auf eine bessere oder auf eine gleiche Leistung hinwirkt, wie eine solche, die bei längerer Arbeitszeit geliefert wird, dieser Koëffizient hat auch seine Untergrenze, und es kann auch eine Verkürzung der Arbeitszeit eintreten, mit der weder eine bessere Leistung noch die alte Leistung erreicht wird.

Die Frage, ob ein Maximalarbeitstag einzuführen ist oder nicht, ist ja innerhalb der Regierung schon lange Gegenstand der Erörterung auch von jenen Gesichtspunkten aus. Ich bemerke hierbei, daß England, dieses alte Industrieland, für erwachsene Arbeiter bisher einen Maximalarbeitstag nicht hat. Die Verbündeten Regierungen haben bisher stets auf dem Standpunkt gestanden, daß der weitere Ausbau des hygienischen Arbeitstags unbedingt notwendig ist, weil eine Reihe von Industrien so spezifisch ungünstige Fabrikationsmethoden bedingt, Methoden, die im Laufe der Zeit eine so sichtbar ungünstige Wirkung auf den Körper des Arbeiters ausüben, daß es unbedingt nötig ist, in diesen gefährlichen Industrien die Arbeitszeit gesetzlich zu beschränken.

Die Verbündeten Regierungen haben aber gleichzeitig auf dem Standpunkt gestanden, daß da, wo solche spezifischen Ursachen, die in der Arbeit an sich liegen und nicht in deren Länge, die Dauer der Arbeit in der Regel dem freien Uebereinkommen der Beteiligten zu überlassen ist. Dabei ist aber zuzugeben, daß eine spezifisch schädliche Ursache für die Gesundheit des Arbeiters unter Umständen auch in einer übermäßig langen Arbeitszeit liegen kann, wie solches auch im § 120e Absatz 3 der Gewerbeordnung zum Ausdruck kommt. . . . Bei dem allgemeinen Maximalarbeitstage kommt noch ein Gesichtspunkt in Betracht, den auch der Herr Vorredner ausdrücklich anerkannt hat, nämlich, daß die

Verhältnisse in den einzelnen Industrien so außerordentlich verschieden sind. Es gibt Tätigkeiten von Arbeitern, meine Herren, wo ein großer Teil der Arbeitszeit nicht in einer angestrengten, aufmerksamen Bedienung von Maschinen, in gefährlichen Handreichungen besteht, sondern zum guten Teil in einer Art Arbeitsbereitschaft. Aus diesen Gesichtspunkten waren die Verbündeten Regierungen bisher auch stets nur dazu bereit, den hygienischen Arbeitstag einzuführen, wo es die Natur der Arbeit erforderte.

Nach Ankündigung der Interpellation des Herrn Vorredners habe ich deshalb bei der großen wirtschaftlichen Bedeutung dieser Angelegenheit sämtlichen Verbündeten Regierungen die Frage vorgelegt, wie sie sich zu dieser Interpellation stellen. Ich habe bis zum heutigen Tage von den 26 Regierungen — wenn ich Elsaß-Lothringen hinzurechne, obgleich es ja im Bundesrat nicht stimmführend vertreten ist — erst von 8 Regierungen Antwort erhalten. (Hört! Hört! bei den Sozialdemokraten.) Diese 8 Regierungen stehen aber entweder auf einem unbedingt ablehnenden Standpunkte, oder sie erklären, das sei eine Frage, die so tief in das wirtschaftliche Leben eingriffe, daß jedenfalls, ehe man sich über dieselbe schlüssig mache, die allereingehendsten Erhebungen notwendig wären. (Zurufe von den Sozialdemokraten.) Je mehr wir unsere Sozialpolitik ausbilden, desto mehr tritt bei allen diesen Fragen hervor, wie notwendig es ist, bei dem Wettkampf auf industriellem Gebiet zwischen den verschiedenen Nationen, wenigstens auf sozialpolitischem Gebiete, einigermaßen Hand in Hand zu gehen. In manchen Industrien ist die Marge, die in der Industrie gewonnen wird, eine außerordentlich kleine, namentlich dann, wenn es sich um die Exportfähigkeit einer bestimmten Industrie handelt, und da spielen allerdings die Arbeitsbedingungen für die einzelnen Industrien häufig eine ausschlaggebende Rolle."

„— — — Ich komme nun zu der zweiten Frage, der zehnstündigen Arbeitszeit der Arbeiterinnen. Meine Herren, ich hoffe, noch bis Ende des Monats Ihnen die Denkschrift vorlegen zu können, die Ihnen ein klares Bild über die Sachlage auf diesem Gebiete geben soll, namentlich auch in Verbindung mit einer sehr eingehenden Statistik. Ich weise aber schon jetzt darauf hin, daß sich die statistischen Zahlen wesentlich anders stellen, als man bisher in der Oeffentlichkeit behauptet und angenommen hat, indem in einzelnen Industrien der Prozentsatz der mehr als 10 Stunden arbeitenden Frauen ein wesentlich größerer ist, als er sich im

Durchschnitt aller Industrien darstellt. Wenn die Denkschrift vorliegt, werden sich die Regierungen sehr eingehend und ernst mit der Frage beschäftigen, ob die Arbeitszeit für die weiblichen Arbeiter, eventuell mit Uebergangsfristen, gesetzlich zu ermäßigen sein wird. Aber auch hier ist namentlich für die Textilindustrie die Frage der Konkurrenz des Auslandes (Unruhe bei den Sozialdemokraten) eine ganz außerordentlich wichtige, und ich habe deshalb durch das Auswärtige Amt bei den Regierungen von Italien, der Schweiz, Oesterreich-Ungarn und Belgien anfragen lassen, wie sie sich wohl zu der Frage stellen, auf diesem Wege gleichzeitig in den beteiligten fünf Staaten vorzugehen, einschließlich Deutschlands (sehr gut! bei den Nationalliberalen), und ich kann sagen, daß von der Schweiz zunächst eine wohlwollende Haltung in Bezug auf einzuleitende Verhandlungen eingenommen ist. Meine Herren, würden wir dazu kommen, die Arbeitszeit der weiblichen Fabrikarbeiterinnen herabzusetzen, so könnten wir das, da die Textilindustrie außerordentlich dabei beteiligt ist, nur mit geräumigen, angemessenen Uebergangszeiten ausführen. Würde es aber möglich sein, diesen Schritt zu tun in Uebereinstimmung mit den genannten vier Konkurrenzstaaten, dann bin ich allerdings der Ansicht, daß die Bedenken, die bisher dagegen geäußert sind wegen der internationalen Konkurrenz, entweder wesentlich abgeschwächt würden, oder ganz fortfielen."

Meine Herren, Sie können aus diesen Worten entnehmen, daß der Herr Staatssekretär diese Maßregel doch auch abhängig macht von einer internationalen, und zwar befriedigenden internationalen Verständigung. Daraus mag man ersehen, daß der Herr Staatssekretär, der doch bekanntlich auf einem recht weit vorgeschrittenen Standpunkt bezüglich der sozialpolitischen Angelegenheiten steht, durchaus nicht geneigt ist unbedingt den Forderungen des Reichstags Folge zu geben, sondern daß er diese Angelegenheit im Hinblick auf den internationalen Wettbewerb sehr ernst erwägen wird und sie gewissermaßen abhängig macht von einer internationalen Verständigung.

Also, meine Herren, so dringlich ist die Sache nicht, wie sie von einzelnen Seiten aufgefaßt wird.

Meine Herren, im Laufe des August war zu meiner Kenntnis gekommen, daß die Augsburger Betriebe der großen Textilindustrie beschlossen hätten, mit dem 1. Januar 1906 den zehnstündigen Arbeitstag für alle Arbeiter einzuführen. Gleichzeitig wurde den Arbeitern eine Regulierung der Löhne zugesagt. Es wurde später bekannt, daß unter dieser Regulierung eine zehnprozentige Erhöhung der Arbeitslöhne zu verstehen war. Meine Herren, es kam dann weiter zu meiner Kenntnis, daß wegen dieses Beschlusses der Augsburger Textilindustrie Verhandlungen zwischen den verschiedenen Vereinen der Baumwollindustriellen stattgefunden hatten.

Ich muß gestehen, meine Herren, es hatte mich befremdet, daß ich als Vertreter des Centralverbandes erst von dritter Seite von dieser Angelegenheit Kenntnis erhielt. Meine Herren, wer sich irgend mit der Geschichte des Centralverbandes und seiner Tätigkeit beschäftigt hat, der wird wissen, daß von den ersten Anfängen der neueren Arbeiterschutzgesetzgebung ab der Centralverband sich mit dieser Frage beschäftigt hat. Es werden vielleicht noch einzelne Herren in diesem Saale sitzen, die sich erinnern an den wegen des großen Erfolges auf handelspolitischen Gebieten so bedeutungsvollen sogenannten zweiten Kongreß des Centralverbandes am 21. und 22. Februar 1878. Da stand die Arbeiterschutzgesetzgebung auch schon auf der Tagesordnung, und der langjährige spätere Vorsitzende des Centralverbandes, Herr Kommerzienrat Haßler, referierte über diese Frage. Meine Herren, es wurde da verhandelt über Kinderschutz, über jugendliche Arbeiter, über die Beschäftigung von Frauen. Der Centralverband konnte damals Hand in Hand mit der Regierung gehen, denn er ist niemals ein Gegner der Arbeiterschutzgesetzgebung gewesen, und er konnte den maßvollen, aus praktischen Erwägungen hervorgegangenen Vorlagen der Regierung fast in allen Punkten zustimmen. Ja, meine Herren, ich kann behaupten, daß der Centralverband damals in gewissen Fragen des Arbeiterschutzes die Führung übernommen hatte. Der Grundsatz beispielsweise, daß am Sonntag keine Arbeit lediglich zur Vermehrung der Produktion stattfinden dürfe, ist zuerst vom Centralverband aufgestellt und stets hochgehalten worden. In den nächsten fünfundzwanzig Jahren hat sich der Centralverband mit diesen Fragen in intensivster Weise beschäftigt und seine treue und ernste Arbeit auf diesem Gebiete hatte ihm die Führung des größten Teils der deutschen Industrie, wie er vom Centralverbande umfaßt wird, in diesen Fragen gesichert.

Meine Herren, umsomehr mußte es mich befremden, daß der Centralverband bei dem von den Augsburger Herren gefaßten, für die gesamte Industrie so bedeutungsvollen Beschlusse und bei den späteren Verhandlungen der Vertreter der großen Vereine der Baumwollenindustrie über ihn nicht beteiligt wurde. Ich will den Herren weiter keinen Vorwurf machen; sie haben wohl geglaubt, so ihre Interessen am allerbesten wahrnehmen zu können. Aber Sie, meine Herren, werden die Empfindungen verstehen, die mich veranlaßten, diese Angelegenheit im Direktorium in seiner Sitzung am 28. August in Baden-Baden zur Sprache zu bringen. Die Verhandlungen führten zu dem Beschlusse, einmal die Herren Vertreter der Baumwollenvereine zu bitten, diese Frage unter Führung des Centralverbandes weiter zu behandeln und zu diesem Zwecke die gegenwärtige Versammlung des Ausschusses zu berufen.

Es trat dabei ein Gesichtspunkt in den Vordergrund, den ich bisher noch nicht erwähnt habe und den ich jetzt besonders hervorheben möchte. Meine Herren, ich habe Ihnen die vorangegangene genaue Darstellung der Tatsachen geben müssen, um jetzt die Behauptung aufstellen zu können, daß der Centralverband in allen Stadien seiner Beschäftigung mit dieser Angelegenheit im vollen Einverständnis mit seinen Mitgliedern gehandelt hat. Ich habe mir erlaubt, Ihnen den Beschluß, der am 5. Mai gefaßt wurde, wörtlich vorzulesen, und habe daran die Bemerkung geknüpft, daß auch dieser Beschluß ohne Widerspruch, mit vollständiger Zustimmung der Herren Vertreter der süddeutschen Baumwollenindustrie und aller anderen versammelten Mitglieder der zahlreich besuchten Delegiertenversammlung gefaßt worden ist. Jetzt, meine Herren, kurze Zeit darauf, ist von einer so bedeutungsvollen Gruppe der Industrie, wie sie von den Augsburger Baumwollenindustriellen gebildet wird, schlankweg beschlossen worden, freiwillig den zehnstündigen Arbeitstag einzuführen. Meine Herren, was soll sich die Regierung, was soll sich der Herr Reichskanzler, an den wir uns mit unserer Eingabe gewendet haben, angesichts dieser Vorgänge denken? Meine Herren, ist es nicht naheliegend, daß der Herr Reichskanzler sich sagt: das Direktorium des Centralverbandes handelt ohne Fühlung mit der Industrie, das Direktorium kennt die Verhältnisse in der Industrie nicht; denn in der kurzen Zeit seit Veröffentlichung des letzten, in Sachen des zehnstündigen Arbeitstages gefaßten Beschlusses, können sich die Verhältnisse nicht so geändert haben, daß jetzt mit einem Male von der bedeutendsten Gruppe der deutschen Baumwollenindustrie der zehnstündige Arbeitstag für alle Arbeiter nach den gegebenen Verhältnissen für angemessen erachtet und freiwillig eingeführt wird. Kurz und gut, meine Herren, um es in drei Worten auszudrücken: durch diesen Beschluß ist der Centralverband desavouiert (sehr richtig! — Zuruf: Noch mehr!), und, meine Herren, deswegen hat das Direktorium Sie heute berufen, um festzustellen, nicht bloß seitens der Textilindustrie, sondern aller anderen Betriebe, die weibliche Personen beschäftigen, ob die Verhältnisse sich in der Tat so geändert haben, daß ein Uebergang zur zehnstündigen Arbeitszeit gerechtfertigt und ob ein Widerspruch gegen die gesetzliche Einführung des zehnstündigen Arbeitstages für weibliche Personen, der natürlich in den betreffenden Industrien den zehnstündigen Arbeitstag auch für die Männer zur Folge haben muß, gerechtfertigt ist oder nicht. Ist der Widerspruch heute nach Maßgabe der Verhältnisse nicht gerechtfertigt, dann natürlich hat der Centralverband alle Veranlassung, auch seine Beschlüsse zu revidieren und offen und ohne Rückhalt zu erklären, daß sie für die heute veränderten Verhältnisse nicht mehr bestehen, daß der Centralverband seinen Widerspruch gegen die gesetzliche Einführung des zehnstündigen Arbeitstages für Arbeiterinnen nicht mehr aufrecht erhält. Sollte sich aber zeigen, daß diese Maßregel — die Einführung des Zehnstundentages — nur von einer einzelnen Gruppe von Industriellen getroffen worden ist —, aus Veranlassung und aus Gründen, die für alle anderen nicht maßgebend sind, also daß dieser wichtige Schritt, der, das darf man sich nicht verhehlen, rückwirkend ist auf die Gestaltung der Arbeitszeit in unserer ganzen deutschen Industrie, nur für diese Gruppe maßgebend sein soll, dann wird der Centralverband natürlich bei seinen Beschlüssen stehen bleiben müssen und versuchen müssen, alles aufzubieten, was er kann, um die Rückwirkung des Beschlusses der Augsburger Textilindustrie, denen sich ja bekanntlich ein großer Teil der süddeutschen Textilindustriellen angeschlossen hat, auf die anderen Industrien zu hintertreiben.

Meine Herren, um sich zu diesen Fragen zu äußern und die betreffenden Beschlüsse zu fassen, sind Sie heute berufen worden. Ich habe meine Aufgabe erfüllt, indem ich alle Vorgänge gewissenhaft und objektiv hier vorgetragen habe, so langweilig Ihnen das auch erschienen sein mag. (Bravo!)

Es gehört nun ferner, meine Herren, dazu — und das wird mein Stellvertreter, Herr Regierungsrat Dr. Leidig, tun — Ihnen die Gutachten vorzulegen, die neuerdings hier eingegangen sind. Denn das Direktorium beschränkte sich nicht darauf, diese Ausschußsitzung zu berufen, sondern es hat an alle diejenigen, die damals auf die Anfrage vom 28. Juli 1902 geantwortet haben, wieder die Bitte gerichtet, zu berichten, ob sich die Verhältnisse so geändert haben, daß ein Aufgeben des bisherigen Widerstandes des Centralverbandes bezüglich der drei vorerwähnten Fragen angebracht wäre. (Beifall.)

Regierungsrat Dr. **Leidig**-Berlin: Meine Herren! Die Anfrage, die von dem Centralverbande an diejenigen Firmen und Verbände gestellt wurde, die im Jahre 1902 die Anregung zu der Eingabe an den Herrn Reichskanzler gegeben hatten, richtete sich, um noch einmal daran zu erinnern, dahin, ob die Bedenken gegen die gesetzliche Einführung des zehnstündigen Arbeitstages für Frauen fortbestehen oder ob eine Umwandlung der Anschauungen eingetreten sei. Es haben nicht alle diejenigen geantwortet, die damals im Jahre 1902 ihr Gutachten abgegeben haben, aber doch fast alle, und es hat sich die ganz überwiegend große Mehrzahl derjenigen, die ihre Antwort eingesandt haben, wie es ja eigentlich von vornherein zu erwarten war, dahin erklärt, daß sie dieselbe Auffassung wie im Jahre 1902 auch im Jahre 1905 haben, das heißt, daß sie sich energisch gegen die Einführung eines gesetzlichen zehnstündigen Arbeitstages für Arbeiterinnen aussprechen. An dieser Auffassung haben unter denjenigen, die ihr Gutachten jetzt wiederholt haben, sämtliche Vereine und sämtliche Verbände, die geantwortet haben, festgehalten. Es gibt keinen Verband innerhalb der deutschen Industrie, der sich auf den Standpunkt gestellt hat, daß er die gesetzliche Einführung des zehnstündigen Arbeitstages für Arbeiterinnen wünsche oder auch nur für zweckmäßig halte. Es mag mir gestattet sein, einige Namen anzuführen. Die Handelskammern in Plauen, München-Gladbach, Stolberg, Gera und Rottweil halten übereinstimmend daran fest, daß die gesetzliche Einführung des zehnstündigen Arbeitstages für die deutsche Industrie von Nachteil sein würde und sprechen sich dagegen aus. Aus der Textilindustrie die Verbände der rheinisch-westfälischen Baumwollspinner, der Juteindustriellen, der Leinenindustriellen, der Fabrikantenverein in Forst, der ja auch wohl wesentlich als Textilindustrie zu bezeichnen ist, sowie der Verein Deutscher Tuch- und Wollwarenfabrikanten. Ich entledige mich eines Auftrages, der mir besonders von diesem Verein erteilt worden ist, wenn ich mitteile, daß die Herren Delegierten dieses Vereins zwar verhindert sind, hier heute zu erscheinen, daß sie aber Wert darauf legen, ausdrücklich konstatiert zu wissen, daß sie sich gegen die Einführung des Zehnstundentages für Arbeiterinnen aussprechen.

Eine Reihe von Gutachtern haben aber auch ihre Anschauung im Laufe der letzten drei Jahre geändert, und es befinden sich darunter sehr angesehene und große Firmen innerhalb der deutschen Industrie. Meine Herren, diese Firmen, die sich dahin aussprechen, daß es möglich sei, den Zehnstundentag für Arbeiterinnen einzuführen, zerfallen wieder in drei Gruppen. Die eine Gruppe steht auf dem Standpunkt und sagt: die Einführung des Zehnstundentages für Arbeiterinnen halten wir an sich für zulässig und möglich, wir wünschen auch die gesetzliche Einführung des Zehnstundentages der Arbeiterinnen, aber lediglich und allein unter der Bedingung, daß eine internationale Regelung eintritt.

Dies ist, meine Herren, abgesehen von der Frage, ob die Einführung wünschenswert oder nicht wünschenswert ist, genau die

Stellung, die am 5. Mai d. Js. von der Delegiertenversammlung des Centralverbandes eingenommen worden ist.

Die anderen beiden Gruppen haben Anschauungen, die sich gegenseitig ausschließen. Die eine vertritt die Auffassung, daß der Zehnstundentag möglich sei, aber nur möglich und erträglich, wenn er gesetzlich eingeführt werde, und zwar um deswillen, weil er dann die Konkurrenzverhältnisse innerhalb der deutschen Industrie resp. der gleichartigen Betriebe der deutschen Industrie gleichmäßig gestalte, die andere Gruppe aber vertritt genau den entgegengesetzten Standpunkt. Sie führt aus, daß sie sich gegen eine gesetzliche Regelung der Einführung des Zehnstundentages für Arbeiterinnen entschieden aussprechen müsse, daß sie es aber für zweckmäßig halte, im Wege freiwilliger Vorkehrungen den Zehnstundentag in den einzelnen Betrieben oder in größeren Gruppen der Industrie einzuführen. Sie spricht sich gegen die gesetzliche Einführung des Zehnstundentages um deswillen aus, weil es dann ja den einzelnen Betrieben nicht mehr möglich ist, je nach den wechselnden Konjunkturen, nach den wechselnden Betriebsverhältnissen, die Länge der täglichen Arbeitszeit zu gestalten, weil sie dann dazu immer erst die Genehmigung einholen müßten und nach den verschiedensten Richtungen beengt sind.

Das ist der Inhalt der Gutachten, die uns mitgeteilt worden sind. Ich glaube, daß auf die Einzelheiten der Gutachten einzugehen, vielleicht zur Zeit nicht nötig ist. Ich glaube, meine Herren, daß Sie jetzt auch keinen Wert darauf legen werden, daß ich Ihnen mitteile, wie die Stellung der einzelnen Gutachten zu den minder bedeutenden Fragen des Sonnabendschlusses und der Gestaltung der Mittagspause der Arbeiterinnen ist.

Vorsitzender: Ich eröffne die Diskussion.

Fabrikbesitzer **Langen**-München-Gladbach: Meine Herren, Herr Generalsekretär Bueck hat Ihnen in dankenswerter Weise die Vorgänge, wie sie sich in der Textilindustrie abgespielt haben, vorgeführt, daß die Augsburger, ohne irgendwie Fühlung mit den Verbänden oder dem Centralverbande genommen zu haben, einseitig vorgegangen sind und beschlossen haben, für ihre Betriebe am 1. Januar nächsten Jahres den zehnstündigen Arbeitstag einzuführen. Meine Herren, es sind das im ganzen acht bis neun Firmen und mit den anderen, die um Augsburg herum liegen, vielleicht zwölf Firmen gewesen, die diesen Beschluß gefaßt haben.

Als wir von diesem Beschluß hörten, haben wir uns sofort nach Augsburg gewandt und haben gebeten, einstweilen irgendwelche Schritte nicht zu tun; es müsse jedenfalls einheitlich in dieser Beziehung vorgegangen werden und unsererseits wurde sofort veranlaßt, daß eine Besprechung darüber stattfand.

In mehrfachen Konferenzen, die in Bremen stattfanden, haben wir uns ganz entschieden gegen das Vorgehen der Augsburger ausgesprochen. Wir haben gesagt, daß wir nach wie vor auf dem Standpunkt stehen, den der Centralverband im Mai dieses Jahres eingenommen hat, und daß wir uns zur Zeit nach wie vor gegen die gesetzliche Festlegung des zehnstündigen Arbeitstages für Frauen ohne internationale Regelung aussprechen müssen. Wir haben weiter gesagt: es ist nicht praktisch, so, wie die Sachen heute liegen, die Frage weiter aufzubauschen und in weiteren Kreisen zu behandeln, als es unbedingt nötig ist. Wir waren daher der Meinung, die deutsche Textilindustrie sollte ohne Rücksicht auf das Vorgehen der neun Augsburger Firmen, die den bekannten Entschluß gefaßt haben, sich auf dem Boden halten, auf dem sie bis dahin gestanden hat.

Meine Herren, Herr Kommerzienrat Groß hat, wie Ihnen auch vorgetragen worden ist, noch am 5. Mai d. Js. sich selbst gegen die gesetzliche Einführung des zehnstündigen Arbeitstages ohne internationale Regelung dieser Frage ausgesprochen. Er hat sein späteres Vorgehen damit motiviert, daß die große Bewegung der Metallarbeiter, die in Süddeutschland stattgefunden habe, daß die dortigen politischen Verhältnisse die Augsburger Industriellen in diesem Sommer vor die Frage gestellt haben, ob sie, wenn es zu weiteren Aussperrungen käme, die auch auf die Textilindustrie übergriffen, in der Lage wären, diese Aussperrungen auch vorzunehmen und da hätten sie sich sagen müssen, daß sie mit gutem Gewissen das nicht könnten, da ihre Löhne den heutigen Verhältnissen tatsächlich nicht mehr entsprächen.

Meine Herren, ich muß Ihnen hier einige Zahlen vorführen, die aus den Berichten der Berufsgenossenschaften hervorgehen. Die Zusammenstellung der Durchschnittslöhne in der Textil-Industrie nach den Jahresberichten der Berufsgenossenschaften hat in einer der letzten Nummern der „Deutschen Industrie-Zeitung" gestanden, und aus dieser Zusammenstellung ergibt sich, daß die Betriebe der süddeutschen Textilberufsgenossenschaft im Jahre 1903 einen Durchschnittslohn von 678 M. bezahlt haben, demgegenüber zahlt Rheinland und Westfalen 796 M. Ja, meine Herren, wenn die Süddeutschen und die Herren in Augsburg sich sagen mußten, sie zahlten so niedrige Löhne, daß sie eventuell eine Aussperrung nicht mitmachen könnten, dann hätten sie in erster Linie die Löhne in die Höhe setzen sollen. (Sehr richtig!) Dann wären die Arbeiter zufrieden gewesen und eine Reduktion der Arbeitszeit hätte nicht einzutreten brauchen.

Die Antwort auf die Frage, ob die Augsburger bezw. die süddeutschen Textilindustriellen in der Lage waren, die Löhne entsprechend aufzubessern, ergibt sich aus einer Zusammenstellung der Dividenden der Aktiengesellschaften, die in den verschiedenen Berufsgenossenschaften vereinigt sind. Ich will Sie nicht aufhalten mit all den Zahlen der verschiedenen Textilberufsgenossenschaften. Es geht nur aus einer mir vorliegenden Zusammenstellung hervor, daß im Jahre 1903 die zur süddeutschen Textilberufsgenossenschaft gehörenden Aktiengesellschaften 7,68 pCt. Dividende verteilten, während diejenigen, die zur rheinisch-westfälischen Textilberufsgenossenschaft gehörten, nur 3,77 pCt. zu verteilen in der Lage waren. Es ist das keine vorübergehende Erscheinung gewesen, denn im Durchschnitt der Jahre 1890 bis 1903 haben die süddeutschen Aktiengesellschaften 6,91 pCt. bezahlt, die rheinisch-westfälischen 3,75 pCt., also kaum mehr als die Hälfte. Die Durchschnittslöhne betrugen während dieser Zeit in Süddeutschland 607 M., in Rheinland-Westfalen 717 M. Es dürfte damit doch wohl der Nachweis erbracht sein, daß die Süddeutschen besser getan hätten, ihre Arbeiter durch eine entsprechende Erhöhung der Löhne zu befriedigen, und daß sie nicht genötigt waren, zu einer Reduktion der Arbeitszeit ihre Zuflucht zu nehmen.

Meine Herren! Um unsern Widerstand gegen die Reduzierung der Arbeitszeit auf 10 Stunden zu motivieren, möchte ich darauf hinweisen, daß in den Betrieben der deutschen Textilberufsgenossenschaften mit Ausnahme der Seidenberufsgenossenschaft 756 000 Arbeiter beschäftigt sind und 532 ½ Million Mark Löhne bezahlt werde. Ein 10 prozentiger Aufschlag auf diese Löhne, der ja nach dem Vorgange von Augsburg ganz unvermeidlich sein würde, macht bei der Annahme, daß heute ca. 30 pCt. der Textilarbeiter einen zehnstündigen Arbeitstag bereits haben, etwa 40 Millionen Mark aus. Ob die deutsche Textilindustrie eine solche Mehrausgabe ertragen kann, dürfte doch wohl eine große Frage sein. Bei der Baumwollspinnerei entspricht jede Erhöhung der Produktionskosten um 1 Pf. per Pfund einer Ermäßigung von nicht weniger als 2 pCt. des in derselben investierten Kapitals. (Hört, hört!) Daß eine Industrie, die nur mit 3¾ pCt. Verzinsung ihres Kapitals im Durchschnitt von 13—14 Jahren arbeitet, eine solche Steigerung ihrer Herstellungskosten nicht ertragen kann, liegt auf der Hand. Wenn man einwenden sollte, daß die Spinnerei sich dafür durch höhere Garnpreise schadlos halten müsse, so ist darauf zu erwidern, daß die deutsche Textilindustrie auf dem Weltmarkt schon heute einen sehr schweren Standpunkt hat gegenüber ihrer, unter weit günstigeren Verhältnissen arbeitenden ausländischen

Konkurrenz, und daß sich naturgemäß die Schwierigkeiten für unsere Exportindustrie durch jede Erhöhung der Garnpreise nur noch weiter vermehren und sie immer konkurrenzunfähiger werden würde.

An einem kleinen Beispiel möchte ich ausführen, welch großen Einfluß die Höhe der Löhne auf den Ertrag der Baumwollspinnerei ausübt. In der süddeutschen Textilberufsgenossenschaft sind ungefähr 120 M. an Lohn per Arbeiter weniger bezahlt worden, als in der rheinisch-westfälischen Berufsgenossenschaft. Das macht bei einer mittleren Spinnerei, die vielleicht 300 Arbeiter beschäftigt, 36 000 M. per Jahr. Eine solche Spinnerei wird mit einem Kapital von etwa einer Million arbeiten. Der Lohnunterschied entspricht also einer Dividende von 3,6 pCt.! Um diese 3,6 pCt. wären die Süddeutschen bisher also uns gegenüber im Vorteil gewesen und auch damit ist erwiesen, daß sie wohl in der Lage waren, eine entsprechende Lohnerhöhung vorzunehmen.

Meine Herren, wir haben auch in engeren Kreisen wiederholt die Frage eingehend erörtert, wie wir uns zu den Ausburger Beschlüssen stellen sollten, und sind dabei regelmäßig zu dem Beschluß gekommen, daß wir im Interesse unserer Selbsterhaltung unbedingt auf dem früheren Standpunkt stehen bleiben müssen. Wir haben gestern, einer Einladung des Centralverbandes folgend, hier wieder getagt. Es sind Delegierte der verschiedenen größeren Spinner- und Weberverbände Deutschlands versammelt gewesen, und wir haben uns nach eingehender Beratung schließlich auf den Beschluß geeinigt, bei der heutigen Ausschußsitzung zu beantragen, daß der Ausschuß heute den Beschluß wiederholen möge, den er im Mai dieses Jahres gefaßt hat.

Vom Standpunkt der Textilindustrie gestatte ich mir, das noch kurz zu begründen. Um Sie nicht länger aufzuhalten, bitte ich, mir zu erlauben, Ihnen die kurze Begründung vorzulesen. Sie lautet folgendermaßen:

Die Verhältnisse bezüglich der Arbeitszeit weiblicher Arbeiter haben sich seit dem 5. Mai dieses Jahres nicht geändert, und deshalb erklären die unterzeichneten Verbände, daß sie nach wie vor die gesetzliche Einführung des zehnstündigen Arbeitstages für Arbeiterinnen, welche für die Textilindustrie, jedenfalls für die Baumwollspinnerei praktisch die gesetzliche Einführung des zehnstündigen Arbeitstages für alle Arbeiter bedeutet, nur im Falle einer internationalen Regelung für ausführbar erachten.

Der am 1. März 1906 in Kraft tretende neue Zolltarif mit seinen so erheblich ermäßigten Garn- und Gewebezöllen, deren Wirkung zur Zeit ganz unabsehbar ist — die immer mehr um sich greifende Terminspekulation an den großen auswärtigen Baumwollbörsen, besonders an derjenigen von New York, welche früher in solcher Höhe nie gekannte plötzliche Auf- und Abwärtsbewegungen der Rohstoffpreise zur Folge hat — die dem Ertrage der Baumwollernten seit Jahren voraufeilende Spindelvermehrung, namentlich in England und Amerika, und der dadurch hervorgerufene zeitweise Baumwollmangel, welcher wiederholt zu sehr beträchtlichen Arbeitseinschränkungen nötigte — sowie eine Reihe anderer widriger Umstände lassen die deutsche Textilindustrie, besonders die Baumwollspinnerei nur mit Besorgnis der Zukunft entgegensehen.

Wenn trotzdem einige Textilindustrielle aus besonderen Rücksichten den Beschluß gefaßt haben, vom 1. Januar 1906 ab auch ohne internationale oder gesetzliche Regelung den zehnstündigen Arbeitstag in ihren Betrieben einzuführen, so dürfte solches beweisen, daß der Textilindustrie der gute Wille nicht mangelt, den auf eine Verkürzung der Arbeitszeit gerichteten Bestrebungen freiwillig Folge zu geben, sofern und soweit sie dazu in der Lage ist. Hieraus kann aber unmöglich die Schlußfolgerung gezogen werden, daß nun auch die gesamte deutsche Textilindustrie, soweit sie heute noch an dem elfstündigen Arbeitstag festhalten zu müssen glaubt, in der Lage sei, dem von den Augsburger Textilindustriellen gegebenen Beispiele zu folgen und die gesetzliche Verkürzung der Arbeitszeit der Arbeiterinnen auf zehn Stunden zu ertragen, auch ohne internationale Regelung dieser Angelegenheit.

Unsere Industrie hat alle Zeit willig die durch die soziale Gesetzgebung ihr auferlegten Lasten getragen, eine solch' erhebliche Verteuerung der Herstellungskosten, wie die Verkürzung der Arbeitszeit von 11 auf 10 Stunden besonders für die Baumwollspinnerei bringen muß, würde deren Kräfte aber übersteigen und dürfte es daher reiflichster Erwägung bedürfen, ob eine zwingende Notwendigkeit für eine so folgenschwere Maßnahme vorliegt.

Die Löhne der Textilarbeiter bewegen sich ausweislich der Jahresberichte der Textilberufsgenossenschaften in ständig stark aufsteigender Richtung. Eine Gegenüberstellung der Löhne des Jahres 1888 und 1904 ergibt nach den Jahresberichten der Berufsgenossenschaften eine Steigerung derselben für Elsaß-Lothringen von 18,5 pCt., Süddeutschland (bis 1903) von 22,6 pCt., Rheinland-Westfalen von 24,1 pCt., Schlesien von 27,1 pCt., Sachsen von 31,6 pCt., Norddeutschland von 34,5 pCt. Berücksichtigt man in Verbindung damit die großen Fortschritte in hygienischer Beziehung sowohl in den

Fabriken wie in den Wohnungsverhältnissen der Arbeiter und die sich auch für diese immer besser gestaltenden Verkehrsverhältnisse, welche Wohnungs- und Arbeitsstätte auch bei großer Entfernung einander immer näher rücken und daß eine erfreuliche fortschreitende Besserung in der Lebenshaltung der Arbeiter im allgemeinen nicht zu verkennen ist, so kann man nur zu dem Ergebnis kommen, daß eine zwingende Notwendigkeit die Industrie in solch' erheblichem, teilweise ihre Kräfte übersteigendem Maße zu belasten, nicht vorliegt und daß unter allen Umständen eine sich langsam von selbst vollziehende Verkürzung der Arbeitszeit, dort wo sie überhaupt der Industrie möglich ist, weil sie für diese auch nicht annähernd die gleichen Gefahren birgt, einem Eingreifen der Gesetzgebung gegenüber entschieden den Vorzug verdient und zwar im Interesse der Arbeiter nicht minder wie in demjenigen der Industrie, da nur eine gedeihliche Entwickelung der letzteren eine fortschreitende Besserung der Verhältnisse der von ihr beschäftigten Arbeiter gewährleistet.

Wir beantragen daher, der Ausschuß des Centralverbandes Deutscher Industrieller wolle in der heutigen Sitzung den gleichen Beschluß fassen, welchen er bereits am 5. Mai dieses Jahres gefaßt hat. (Bravo!)

Dieser Antrag ist gestern angenommen worden gegen 1 Stimme und mit Stimmenthaltung mehrerer Herren aus Süddeutschland, die durch die Beschlüsse der Augsburger ja mehr oder weniger gebunden sind.

Ich glaube, im Namen der großen Mehrheit der deutschen Textilindustrie zu sprechen, wenn ich Sie bitte, diesem Antrag Ihre Zustimmung zu geben.

Vorsitzender: Meine Herren, der Antrag ist angenommen worden bei 17 Anwesenden von 12 Herren, abgelehnt von 1 Herrn bei Stimmenthaltung von 4 Herren. Ich korrigiere die Bemerkung des Herrn Vorredners insofern, als nicht alle Süddeutschen sich der Stimme enthalten haben, sondern mehrere von den Süddeutschen haben dafür gestimmt.

Kommerzienrat **Wenzel**-Leipzig: Ich möchte zunächst mein Befremden darüber ausdrücken, daß zu der Vorversammlung, in der die Textilindustrie beraten hat, unsere Gruppe, der Verein der Deutschen Wollkämmer und Kammergarnspinner mit 36 408 Arbeitern (männlichen und weiblichen) überhaupt keine Einladung erhalten hat. Es wird im allgemeinen von der Textilindustrie gesprochen, und dazu gehören wir auch, und die Verhältnisse bei uns werden naturgemäß beeinflußt durch die Verhältnisse in der Baumwollindustrie. Das ist gar nicht zu trennen.

Ich habe überhaupt gefunden, daß wir in der letzten Zeit etwas auf zwei Achseln getragen haben, und ich kann mir nicht erklären, wie wir vor etwa acht Monaten von seiten des Vorstandes unseres Arbeitgeberverbandes eine Einladung bekamen, der Frage des Zehnstundentages, der freiwilligen Gewährung des Zehnstundentages, zuzustimmen, wo der Centralverband Deutscher Industrieller seinen Standpunkt auf Aufrechterhaltung des Elfstundentages so präzis festgesetzt hatte. Ich habe damals in der Sitzung mit allen Kräften dagegen gekämpft, freiwillig auf eine Reduktion der Arbeitszeit einzugehen, und mit mir standen die ganzen anderen Mitglieder unserer sächsischen Industrie gegen eine freiwillige Verkürzung der Arbeitszeit. Es ist zweifellos tief zu beklagen, daß durch das einseitige Vorgehen der Augsburger Textilindustriellen der Beschluß des Centralverbandes der Regierung gegenüber in dieser Weise geschädigt worden ist. Denn wir müssen naturgemäß bei der Regierung allen Glauben verloren haben, daß Eingaben, die wir an die Regierung machen, irgendwie von Wert und durch die tatsächlichen Verhältnisse begründet sind. (Sehr richtig!)

Aber, meine Herren, ich fürchte mich weniger vor einer gesetzlichen Regelung des Zehnstundentages durch die Regierung. Meine Furcht liegt darin, daß wir alle werden gezwungen werden durch die Sozialdemokratie und durch die Gewerkschaften, den Zehnstundentag einzuführen, und ich habe es in den letzten Monaten am eigenen Leibe gespürt, was der Beschluß der Augsburger zuwege gebracht hat. Man hat mir im Juni den Zehnundeinhalbstundentag abgerungen, weil ich es zum Streik nicht kommen lassen konnte unter den heutigen günstigen Verhältnissen, die unsere Industrie hat, und man hat mir vor zehn Tagen den Zehnstundentag abgerungen, und unsere ganze Gruppe Leipzig ist gezwungen, am 1. Juli nächsten Jahres den zehnstündigen Arbeitstag, also eine Arbeitszeit von rein 60 Stunden per Woche, einzuführen.

Meine Herren, ich stehe natürlich auch auf dem Standpunkt, wir sollen mit allen Kräften an dem gesetzlichen Elfstundentag festhalten, trotzdem ich und unsere Leipziger Kammgarnspinner-Ortsgruppe speziell gezwungen sind, vom 1. Juli ab nur zehn Stunden zu arbeiten, also ungünstiger gestellt sein werden als unsere Konkurrenten. Aber ich sage mir, wir werden diesem Drängen der Sozialdemokratie gar keinen Einhalt tun können. Denn wir werden, wenn die Verhältnisse günstig sind, wenn wir Spinner nicht in der Lage sind, es zu einem Streik oder zu einer einzelnen Aussperrung kommen zu lassen, uns eben diesen Zehnstundentag aufoktroyieren lassen müssen, und zwar von den

Gewerkschaften, und Sie können hier den Beschluß fassen, wie Sie wollen, an der Sache selbst, an der Einführung des Zehnstundentages durch die Sozialdemokratie wird er nichts ändern.

Generalsekretär **Bueck**-Berlin: Ich möchte den Herrn Vorredner freundlichst bitten, an seinem Befremden über den Umstand, daß seine Vereinigung nicht zu der gestrigen Vorbesprechung eingeladen ist, nicht festzuhalten. Es lag für den Centralverband, für das Direktorium wohl eine Veranlassung vor, die zunächst an der Sache Beteiligten — das sind die vier großen Vereinigungen der Baumwollspinner und -Weber, die rheinischen, die sächsischen, die elsässischen und der Verband Süddeutscher Baumwollenindustrieller — zu einer Vorbesprechung über diese Frage einzuladen, um möglicherweise die schärfsten Gegensätze auszugleichen und die Herren zu einer Verständigung zu führen und sich vielleicht für die heutige Sitzung zu einigen. Wären wir über diesen Kreis der reinen Baumwollspinner- und Webervereine hinausgegangen, so hätten wir die gesamte Textilindustrie, alle die Vereine, zu einer Vorbesprechung einladen müssen und dann wäre der heutigen Ausschußsitzung zu weit vorgegriffen worden.

Ich weiß auch nicht, in welcher Weise die Interessen, die Herr Direktor Wenzel zu vertreten hat, dadurch geschädigt oder hintangesetzt sein könnten, daß er an der gestrigen Besprechung nicht teil gehabt hat. Denn heute soll ja jedem Gelegenheit gegeben werden, seine Meinung zu äußern und zu vertreten und auf das Resultat der heutigen Versammlung einzuwirken.

Generaldirektor **Weinlig**-Dillingen: Meine Herren, ich möchte nicht zu der Sache selbst sprechen, sondern Sie nur um die Erlaubnis bitten, für den Centralverband eine Lanze brechen zu dürfen.

Es ist durch den Herrn Vorredner, Herrn Direktor Wenzel, bereits zum Ausdruck gekommen, in welch' eine schiefe Lage der Centralverband der Regierung und der ganzen Außenwelt gegenüber durch das Vorgehen der Augsburger Herren gekommen ist. Es ist sehr zu bedauern, daß sie es nicht für richtig gehalten haben, ehe sie diese weittragenden Beschlüsse gefaßt haben, sich an den Centralverband zu wenden. Ob sie zu den Beschlüssen gekommen wären, die sie gefaßt haben, ob es nicht gelungen wäre, ihnen den Rücken soweit zu stärken, daß sie dem Andrängen der Arbeiter nicht gleich nachgegeben hätten, muß dahingestellt bleiben. Es kann nicht meine Aufgabe sein, das zu untersuchen. Aber die Gefahr ist doch evident, daß die Sozialdemokratie und die Gewerkschaften, nach dem Grundsatze divide et impera verfahrend, entweder in einzelnen Industrien oder in einzelnen Industriebezirken Deutschlands vorgehen und nach und nach, aber absolut sicher, die Einzelnen nacheinander abfangen und so zu ihrem Ziele gelangen.

Wenn wichtige Fragen dieser Art irgendwo in Deutschland auftauchen, dann, meine ich, sollte es Pflicht derjenigen Industrien sein, die hier im Centralverbande vereinigt sind, diese Fragen möglichst schleunig vor das Direktorium zu bringen, das Sie doch alle aus Ihrem Vertrauen gewählt haben, und das Direktorium zu bitten, entweder den Ausschuß oder bei wichtigen Dingen auch sofort die Delegiertenversammlung zu berufen, damit die Herren, die in dem Augenblicke in großer Not und Bedrängnis schweben, durch die Generalversammlung oder die Ausschußsitzung dazu kommen, auch die Interessen der Allgemeinheit mit zu berücksichtigen und ihre eigene Not von dem höher liegenden Standpunkt zu betrachten. (Sehr richtig!) Damit werden wir unserm Centralverbande und unserm Direktorium auch nach außen hin wieder Ansehen und Einfluß verschaffen. (Beifall.)

Handelskammersyndikus Dr. **Dietrich**-Plauen: Meine Herren, für den Bezirk der Handelskammer Plauen mit seiner großen Textilindustrie möchte ich mir gestatten, folgendes zu bemerken.

Wir haben, wie Herr Regierungsrat Leidig ja bereits hervorgehoben hat, uns ebenfalls gegen eine gesetzliche Festlegung der zehnstündigen Arbeitszeit ausgesprochen, und ich darf wohl bitten, daß die Ergebnisse unserer Erhebungen, die wir ja dem Centralverbande mitgeteilt haben, bei einer etwaigen Bearbeitung im einzelnen mit verwendet werden, denn sie sind recht interessant.

Ich habe aber allgemein aus den Erhebungen, die wir jetzt veranstaltet haben, den Eindruck gewonnen, daß die Industriellen nicht mehr mit derselben Schärfe wie vor zwei Jahren auf dem Elfstundentag beharren, da dieser elfstündige Arbeitstag ja tatsächlich im Laufe der Zeit abgebröckelt ist auf $10^1/_2$ und $10^1/_4$ Stunden. Es werden andererseits neuerdings Momente hervorgehoben, gerade aus unserem Industriebezirk, die meines Wissens noch nicht gebührend gewürdigt worden sind, nämlich, daß einzelne Teile der Textilindustrie, wie bei uns die Vigognespinnerei, die Baumwollzwirnerei und die Kammgarnspinnerei durch die neue handelspolitische Situation in einem Maße geschädigt worden sind, daß es ihnen absolut unmöglich sein wird, einen zehnstündigen Arbeitstag jetzt einzuführen, und dann wird der Gesichtspunkt der Internationalität hervorgehoben. Ich möchte hierzu bemerken, daß der Herr Generalsekretär ja gemeint hat, mit der Internationalität sei nicht viel anzufangen, da im Auslande die gesetzliche Festlegung nicht scharf genug bemessen wäre. Meine Herren, wenn wir das in dieser Weise betrachten, würde der Gesichtspunkt der Internationalität entweder an Bedeutung verlieren, oder wir würden uns dem Vorwurf aussetzen, daß wir uns einen Rückhalt suchen, der gar nicht vorhanden ist. Ich glaube, daß im Laufe der Zeit auch die Innehaltung der Arbeitszeit im Auslande eine schärfere werden wird als bisher, und zwar nicht durch die Beaufsichtigung der Behörden, sondern durch die Stärkung der Organisationen und durch die Wachsamkeit der Arbeiter. Insofern, wenn wenigstens die gesetzlichen Voraussetzungen vorhanden sind, kann man sich wohl auf eine internationale Regelung der Sache bis zu einem gewissen Grade stützen. Es braucht ja nicht bis aufs Tüpfelchen alles zu klappen.

Meine Herren, nun haben sich aber einzelne von unseren Industriellen mit einem gewissen Enthusiasmus für den zehnstündigen Arbeitstag ausgesprochen, und zwar Betriebe, die damit sehr gute Erfahrungen gemacht haben, und von diesen ist ein großer Betrieb noch weiter gegangen und hat gesagt, er würde, wenn der zehnstündige Arbeitstag gesetzlich eingeführt würde, selbst wieder den neunundeinhalbstündigen Arbeitstag einführen. (Heiterkeit.) Meine Herren, ich glaube, mit diesem Gesichtspunkt ist nun nicht zu rechnen, aber dasselbe würde ja dann der Fall sein auf seiten der Arbeiter. Den zehnstündigen Arbeitstag gesetzlich zu dekretieren, darüber könnte man ja schließlich noch einmal reden, sobald damit Schluß gemacht würde. Aber sofort, wenn der Zehnstundentag gesetzlich eingeführt wird, wird wieder der neunundeinhalbstündige Arbeitstag verlangt werden. (Sehr richtig!) Also darüber ist nicht zu reden.

Ich will nicht weiter darauf eingehen, was die Augsburger Herren veranlaßt hat, die Verkürzung jetzt freiwillig einzuführen. Ich möchte aber noch betonen, daß gerade aus unserem Textilindustrie-Bezirk geltend gemacht worden ist, daß die Verhältnisse der Großindustrie durchaus andere sind, als die Verhältnisse der kleinen textilindustriellen Betriebe, die wir haben, auch in den Spinnereien, nämlich in der Vigognespinnerei. Die größeren würden derartiges viel eher leisten können, als die kleineren und mittleren Betriebe, die mit anderen Verhältnissen rechnen müssen.

Ich möchte deshalb im Namen der Handelskammer Plauen empfehlen, an dem bisherigen Beschluß festzuhalten und ganz besonders die jetzige Unbestimmtheit der handelspolitischen Lage noch mit zu betonen.

Geheimer Kommerzienrat **Dietel**-Coßmannsdorf: Ich wollte meinerseits nur die Erklärung abgeben, daß der Verein Deutscher Wollkämmer und Kammgarnspinner auf dem Standpunkt steht, der durch den Antrag des Herrn **Langen** gekennzeichnet ist. Er ist seinerseits gegen eine gesetzliche Regelung der Arbeitszeit, wenn sie nicht international erfolgt.

Ich kann aber andererseits nicht unterlassen, darauf aufmerksam zu machen, daß die Anschauung der einzelnen Mitglieder im Verein doch eine verschiedene ist und daß auch die Arbeitszeit bei den Einzelnen eine verschiedene ist. Es wird teilweise 11 Stunden gearbeitet und sogar eine Kleinigkeit darüber — das wird ja nur sehr ausnahmsweise sein —, es wird gearbeitet 10½ und 10 Stunden. Es ist von einer großen Anzahl Mitgliedern der Kammgarnspinnerei schon seit vielen Jahren darauf hin gearbeitet worden, daß man die zehnstündige Arbeitszeit innerhalb dieser Branche einführt — selbstverständlich nicht gesetzlich. Wenn sie gesetzlich eingeführt werden sollte, würde unser Standpunkt der sein, daß wir nur unter gewissen Kautelen zustimmen könnten. Ich wollte das ausdrücklich erwähnen. Ich meinerseits habe, so oft ich in dieser Beziehung in unserm Verein ein Urteil abzugeben hatte, jederzeit den Standpunkt eingenommen, daß man zu dem zehnstündigen Arbeitstag übergehen soll, natürlich nur in unserer Branche. Ich kann nicht von der Baumwollspinnerei oder von der Weberei oder von anderen Zweigen sprechen. Uebrigens ist das Bestreben nicht nur auf meiner Seite, sondern bei einem großen Teile der Kammgarnspinner für die Einführung des zehnstündigen Arbeitstages vorhanden gewesen und heute noch vorhanden. Z. B. das Elsaß ist durchaus dafür, daß man den zehnstündigen Arbeitstag in der Kammgarnspinnerei einführt. Das repräsentiert ein Drittel der gesamten deutschen Kammgarnspinnereien. Ein anderes Drittel, die sächsischen Kammgarnspinnereien, würden ja zumeist die elfstündige Arbeitszeit beibehalten wollen. Ich glaube aber und muß mich in dieser Beziehung meinem Kollegen **Wenzel** anschließen, es wird wahrscheinlich in nicht gar zu langer Zeit dazu kommen, daß wir die zehnstündige Arbeitszeit einführen müssen, indem wir von anderer Seite gezwungen werden, dazu überzugehen. Es könnte sich vielleicht für uns darum handeln, Stellung dahin zu nehmen, ob man nicht aus diesen Gründen freiwillig darauf hinarbeitet, gemeinsam den zehnstündigen Arbeitstag in der ganzen Textilindustrie einzuführen. Es ist bedauerlich und störend, daß nicht allein in verschiedenen Gegenden, sondern selbst im nämlichen Distrikt die Arbeitszeit der gleichen Branche verschieden ist. Es bleibt eben bei manchem Einzelnen der Wunsch bestehen, eine längere Arbeitszeit beizubehalten, anstatt sie zu reduzieren.

Ich erkenne die Behauptung nicht für richtig an, daß man bei verkürzter Arbeitszeit eine erhöhte Leistung haben kann. Das ist eine

Anschauung, die vielleicht bei einer reinen Handarbeit oder Kopfarbeit tatsächlich begründet sein kann. Aber für rein maschinelle Arbeit wird es ganz außerordentlich schwer sein, zu beweisen, daß bei einer Verkürzung der Arbeitszeit eine höhere Produktion auch nur in geringem Prozentsatz herbeigeführt werden kann.

Es könnte sich meiner Meinung nach für uns Textilindustrielle nur darum handeln, ob wir Wege suchen wollen, um gemeinsam, wie das auch schon vielfach seitens der Textilverbände angestrebt worden ist, auf eine freiwillig zu gewährende zehnstündige Arbeitszeit zuzukommen. Im übrigen würde ich persönlich für die zehnstündige Arbeitszeit eintreten. Für den Verein der Deutschen Wollkämmer und Kammgarnspinner werde ich, wie bereits erwähnt, mich dem Antrage des Herrn Langen anschließen.

Kommerzienrat **Sartorius**-Bielefeld: Herr Generalsekretär Bueck hat mir die Ehre erwiesen, in seinen heutigen Ausführungen zu erwähnen, was ich in der Versammlung vom 5. Mai d. J. gesagt habe. Ich muß an dem, was mir der Herr Generalsekretär in den Mund gelegt hat, eine kleine Korrektur anbringen. Ich habe in der Versammlung vom 5. Mai gesagt, daß ich allerdings zwei Seelen damals in mir getragen habe, und daß die eine Seele sich für eine gesetzliche Einführung des Zehnstundentages aussprechen müßte, während die andere Seele und zwar diejenige, die ich als Vertreter des Verbandes Deutscher Leinenindustrieller in mir trug, dagegen sprechen müßte.

Ich habe damals ausgeführt, daß die Ravensberger Spinnerei in Bielefeld, deren Direktor ich bin — wie Sie wohl wissen —, sich gezwungen gesehen habe, von ihren 63 Stunden wöchentlicher Arbeitszeit auf 60 Stunden zurückzugehen. Wir werden vom 1. Januar nächsten Jahres ab nur 60 Stunden wöchentlich arbeiten. Sie hat sich dazu gezwungen gesehen nicht etwa durch einen Streik oder durch Agitation der Gewerkschaften, sondern durch die lokalen Verhältnisse. In ganz Bielefeld sind die beiden Flachsspinnereien, die unsrige und die Spinnerei Vorwärts, die einzigen Betriebe gewesen, die noch längere als 60stündige wöchentliche Arbeitszeit gehabt haben. Im Durchschnitt beträgt in Bielefeld die Arbeitszeit nur etwa 58 1/2 bis 59 Stunden. Da konnten wir eine wesentlich höhere Arbeitszeit nicht einhalten. Wir sind also, um den Verhältnissen Rechnung zu tragen, heruntergegangen. Wünschenswert würde es natürlich für uns sein, wenn auch unsere Konkurrenz die gleiche verkürzte Arbeitszeit annehmen würde, und aus diesem Grunde — sagte ich — könnte ich wünschen und müßte ich wünschen, daß der zehnstündige Arbeitstag gesetzlich eingeführt würde.

Ich habe aber dann erklärt, daß ich als Vertreter des Verbandes Deutscher Leinenindustrieller, weil ich weiß, daß die ungeheure Mehrzahl seiner Betriebe gegen eine Verkürzung der Arbeitszeit ist, mich dem Antrage des Centralverbandes anschließe und mich gegen die gesetzliche Einführung des zehnstündigen Arbeitstages ausspreche.

Es ist dann noch meine Diskussion mit Herrn Kommerzienrat Groß erwähnt und dabei gesagt worden, ich hätte mich auch für den zehnstündigen Arbeitstag der männlichen Arbeiter ausgesprochen. Das ist ein Irrtum, wie sich aus dem Stenogramm meiner damaligen Worte ergeben wird. Ich wurde von Herrn Kommerzienrat Groß gefragt, ob ich es nun auch für angebracht halte, daß in den Betrieben der Textilindustrie die männlichen Arbeiter nur mehr zehn Stunden täglich arbeiten. Da sagte ich, das ist selbstverständlich, wenn die weiblichen Arbeiter nur zehn Stunden haben, können die männlichen nicht mehr haben. Dazu braucht es keine gesetzliche Vorschrift, es ergibt sich aus der Natur der Betriebe.

Nun, meine Herren, ich selbst stehe heute auf dem Standpunkt, den ich am 5. Mai vertreten habe, nämlich ich bin gegen die gesetzliche Einführung des Zehnstundentages. Sie werden sich darüber vielleicht wundern, nachdem ich gesagt habe, es sei für uns, für unsern Betrieb wünschenswert, daß er eingeführt würde, damit unsere Konkurrenz nicht unter besseren Verhältnissen arbeitet als wir. Nun, ich denke, daß über diesen Unterschied der liebe Gott und unsere Mühe und Arbeit, die wir als Leiter des Betriebes aufwenden müssen, und auch die Liebenswürdigkeit unserer Konkurrenz uns hinweghelfen wird.

Aber, meine Herren, ich habe einen anderen Grund, um mich gegen die gesetzliche Einführung des zehnstündigen Arbeitstages auszusprechen. Sehen Sie einmal, meine Herren, wenn das Gesetz ihn in der nächsten Zeit einführen sollte, so wird darin die Sozialdemokratie und werden die Gewerkschaften eine große von ihnen erzielte Errungenschaft sehen, und sie werden nun sofort mit neuen Forderungen kommen. Sie werden sagen: das wäre jetzt erreicht, nun wollen wir einmal weiter gehen. Nicht wahr, so würde es kommen? An dem noch gesetzlich bestehenden elfstündigen Arbeitstag können wir aber nicht allgemein festhalten. Das ist ja von den Herren aus der Wollindustrie jetzt hier mehrfach und sehr richtig betont worden. Wir müssen eben den Verhältnissen Rechnung tragen, und wenn wir das tun, ohne dazu gezwungen zu sein, so werden wir damit auf unsere Arbeiter nur einen wohltuenden und uns wieder zu gute kommenden Einfluß ausüben. In unseren Betrieben der Ravensberger Spinnerei ist das Verhältnis zwischen der Leitung und den Arbeitern ein sehr gutes, ein sehr an=

genehmes. Ich könnte mir das nicht besser wünschen. Wir sind trotzdem aber, wie ich Ihnen sagte, jetzt in der Arbeitszeit zurückgegangen. Wir haben nicht den zehnstündigen Arbeitstag angenommen, denn unter diesem versteht man eine wöchentliche Arbeitszeit, die ungefähr auf 58 bis 58½ Stunden hinauskommt; wir sind auf wöchentlich 60 Stunden zurückgegangen, ohne daß die Arbeiter an uns gekommen wären. Allerdings, sie würden an uns gekommen sein; wir sind ihnen aber zuvorgekommen, und die Einwirkung auf den Arbeiterstand ist — jetzt schon wahrnehmbar — eine sehr angenehme, eine sehr günstige, und das ist auch ein Grund für mich, warum ich nicht für den gesetzlichen zehnstündigen Arbeitstag bin. Ich sage mir, man soll das den einzelnen Betrieben unter gegebenen Verhältnissen überlassen herauszufinden, wann und zu welcher Zeit es für sie angezeigt ist, die Arbeitszeit zu verkürzen, und zwar in irgend einem Maße, das eben nicht gesetzlich vorgeschrieben werden soll.

Ich stimme deswegen im großen und ganzen den Herren von der Wollindustrie bei, obwohl die Herren untereinander selbst auch nicht einerlei Ansicht sind. Ein Teil von ihnen steht nicht auf meinem Standpunkt, sondern will gesetzliche Festlegung haben.

Geheimer Kommerzienrat **Vogel**-Chemnitz: Meine Herren, ich bin sehr erfreut, daß der Centralverband uns heute durch diese Versammlung Gelegenheit gegeben hat, uns über diese Materie auszusprechen.

Ich glaube allerdings nicht, daß Augsburg, wie Herr Generalsekretär Bueck gesagt hat, das bedeutendste Zentrum der Textilindustrie in Deutschland ist — ungefähr in dem Sinne hat er sich ausgedrückt —, es handelt sich dort auch nur um elf Firmen. Der Verband der Augsburger Industriellen hat nun aber Beschlüsse gefaßt, die in der ganzen Baumwollenindustrie ein berechtigtes Aufsehen erregt haben. Auch wir in dem Verbande der Arbeitgeber der sächsischen Textilindustrie haben uns mit diesem Vorgang beschäftigt und es für wünschenswert gehalten, eine Rundfrage ergehen zu lassen, wie sich die verschiedenen bei uns vertretenen Branchen — es gehören dazu beinahe alle Gebiete der Textilindustrie: Spinnerei, Weberei, Wirkerei und Veredlung — zur Verkürzung der Arbeitszeit überhaupt stellen, und ob sie eventuell gesonnen seien, eine gewisse Reduktion der Arbeitszeit gemeinsam einzuführen. Wir wußten, daß auch bei uns bereits zahlreiche Industrien, daß ganze Gruppen oder ganze Bezirke wesentlich weniger als 11 Stunden arbeiteten. Der für den 1. Oktober erbetene Bericht der 16 verschiedenen Gruppen unseres Verbandes ergab, daß, soweit meine Erinnerung reicht, 67 pCt. der Befragten (ihrer Arbeiterzahl nach) dafür waren, daß eine Aenderung der Arbeitszeit nicht stattfände, und daß von diesen der überwiegende Teil den annähernd elfstündigen Arbeitstag hatte, daß aber 33 pCt. nur zirka 10½, 10¼ und auch nur 10 Stunden arbeiteten. Wenn Herr Direktor Wenzel, der unserem Verband angehört, kürzlich sein Befremden ausdrückte, daß wir diese Rundfrage erlassen haben, so, meine ich, gehört es ganz gewiß zu den Aufgaben eines Arbeitgeberverbandes, dafür zu sorgen, daß das Verhältnis der Länge der Arbeitszeit zu der Eigenart der einzelnen Branchen möglichst klargestellt wird. So spielt z. B. in der Möbelstoffweberei die Saison eine Hauptrolle; da würde eine gesetzliche Festlegung des Arbeitstages auf nur 10 Stunden, obgleich, soweit Chemnitz in Frage kommt, jetzt schon nur 60 Stunden pro Woche gearbeitet wird, die allergrößten Schwierigkeiten machen, denn wir sind leider im Laufe des Jahres genötigt, viele unserer Stühle in den Zwischensaisons bloß sehr verkürzt arbeiten zu lassen, weil wir positiv nicht auf Lager arbeiten können; wieder zu anderen Zeiten drängen sich die Arbeiten so, daß wir nötig haben, über diese Zeit hinaus zu arbeiten und vielleicht anstatt 10 Stunden 11 Stunden, d. h. eine Ueberstunde machen müssen. Dann kommt es überall vor, daß irgend eine große Reparatur, z. B. an der Dampfmaschine oder den Motoren stattfindet und infolgedessen manchmal Tage, ja Wochen gefeiert werden muß; meine Herren, dann ist es doch nicht mehr als recht und billig, daß man nachher, schon um den Arbeitern den entgangenen Verdienst wieder herbeizuschaffen, den Verlust durch Ueberstunden einzuholen sucht. Aber jedesmal die Genehmigung einholen zu müssen, um eine halbe oder eine Stunde länger arbeiten zu dürfen, ist im höchsten Grade störend, und manche Industrien würden, wenn das noch mehr erschwert würde als bisher, in Zukunft von dieser Vergünstigung beinahe gar nicht Gebrauch machen (sehr richtig!), sie würden dadurch einen außerordentlich großen Nachteil in ihrem ganzen Betriebe haben. (Sehr wahr!)

Wichtig bei der Beurteilung einer gesetzlich festgelegten kürzeren Arbeitszeit ist auch, welchen Markt, welches Absatzgebiet die betreffende Branche der Textilindustrie — und von dieser speziell nur will ich hier sprechen — hat. Meine Herren, Sie wissen aus den Statistiken, daß z. B. beinahe die Hälfte der gesamten Ausfuhr nach Amerika in Textilprodukten besteht; innerhalb der Textilindustrie gibt es einzelne Branchen, die beinahe ausschließlich für den Export arbeiten, diese können nicht mit denjenigen Industrien zusammengeworfen werden, die lediglich den heimischen Markt versorgen, wo die Abnahme- und Absatzbedingungen sowie Saisonbedingungen durchaus andere sind, und deshalb, meine Herren, meine ich, daß eine Generalisierung überhaupt nicht stattfinden kann, wenn nicht diejenigen Industrien, die für den Export arbeiten und die unter sehr schwierigen Verhältnissen arbeiten, in ihrer Existenz aufs schwerste geschädigt werden sollen.

Was die Statistik der Löhne betrifft, die vorher Herr Langen hier anführte, so kann man auch diese, ohne die näheren Verhältnisse zu kennen, nicht ohne weiteres als maßgebend ansehen. Wenn man z. B. eine Fabrik auf dem Lande hat, eine alte Fabrik, wo eine große Anzahl alter Leute beschäftigt sind, die nach und nach an ihrer Arbeits- und Leistungsfähigkeit abgenommen haben, so ist es für diese ein großer Segen, sie entweder nur kürzere Zeit arbeiten zu lassen oder mit Arbeiten zu beschäftigen, die zwar nicht besonders lohnend sind, die aber ihrer verminderten Leistungsfähigkeit noch entsprechen. In Amerika ist es in den Fabriken Brauch, daß man Leute, die im vorgerückten Alter sind oder deren Leistungsfähigkeit sehr abgenommen hat, aus dem Betrieb entläßt. Erhält man in Deutschland die patriarchalischen Verhältnisse, die auf dem Lande vor allen Dingen und auch in kleinen Städten angebracht sind, daß man die Leute so lange, wie sie überhaupt arbeiten können, beschäftigt, dann kann man die Statistiken, die für solche Betriebe aufgestellt sind, mit den anderen nicht unbedingt vergleichen. Ich würde es als eine große Härte ansehen, wenn man dazu übergehen wollte, um die Statistik einer Fabrik oder eines Bezirkes zu verbessern, seine alten Arbeiter hinauszuweisen!

Ich beabsichtigte, als ich hierherkam, meine Meinung und die einer Anzahl Freunde zu vertreten, ob man nicht doch, um dem Drängen des Reichstages und gewisser Regierungskreise einigermaßen zu entsprechen, dafür sein sollte, in denjenigen Branchen, wo es angängig wäre und wo man bisher 11 Stunden arbeitet, freiwillig, ohne äußeren Zwang, auf einen zehnundeinhalbstündigen Arbeitstag unter einer entsprechenden Lohnerhöhung überzugehen. Aber nach den Beschlüssen, die der Centralverband bisher gefaßt hat, und nach den Aeußerungen, die hier im allgemeinen gefallen sind, glaube ich auch, daß man das hier nicht in Form einer Resolution acceptieren sollte. (Zustimmung.) Diejenigen Kreise, die uns dazu drängen, jetzt auf den gesetzlichen Zehnstundentag überzugehen, sind überhaupt nicht zu befriedigen. Darüber müssen wir uns klar sein! Wir werden niemals dazu kommen bei unseren Arbeitern, soweit wie sie durch die Gewerkschaften verhetzt sind, eine wirkliche Zufriedenheit und einen Beharrungszustand herbeizuführen. (Sehr richtig!) Wir werden in einem beständigen fortlaufenden Kampf sein, und wenn wir da nicht gerüstet und willig sind, uns gegenseitig zu unterstützen und von dem großen Gesichtspunkt auszugehen, daß wir in der Industrie dafür sorgen müssen, uns gegenseitig möglichst zu verständigen, daß kleinliche Rücksichten fallen müssen, so werden wir unterdrückt werden. Jeder Sieg, jeder einzelne Streik, der erfolgreich ausgeführt wird, stärkt unsere Gegner. Meine Herren, ich kann nur sagen: ich bin nicht für eine gesetzliche Aenderung der bestehenden Arbeitszeit, aber dafür, daß wir in wohlwollender Weise, so, daß wir dadurch das Verhältnis zu unseren Arbeitern nicht verschärfen und immer auch eingedenk dessen, daß wir zahlreiche Arbeiter noch haben, denen gar nichts an der Verkürzung liegt, unser Entgegenkommen zeigen, soweit es möglich ist und es die Verhältnisse gestatten. Daß bei einer Verkürzung der Arbeitszeit eine Lohnzulage notwendig ist, das ist selbstverständlich. Aber, meine Herren, ich warne im höchsten Grade davor, daß wir nun bei jedem Ansturm ohne weiteres die Segel streichen. Ich gehöre zu denjenigen, die glauben, daß wir durch einen festen Zusammenschluß uns gegen jeden Ansturm wappnen können. (Zustimmung und Beifall.)

Kommerzienrat **Funcke**=Hagen i. W.: Meine Herren, auf der letzten Seite der Einladung wird angefragt, wie es bei anderen Industrien außer der Textilindustrie mit der Arbeitszeit aussieht.

In der Kleineisenindustrie ist in denjenigen Betrieben, in denen weibliche Arbeiter beschäftigt werden — es sind meist automatische Maschinen, die geringe persönliche Anstrengung erfordern, mit weiblichen Arbeitern besetzt — die zehnstündige Arbeitszeit schon seit 20 Jahren, zum Teil seit 30 Jahren eingeführt, und wir haben uns bemüht, bei den übrigen Fabriken, in denen noch 11 Stunden gearbeitet wurde, diese 11 Stunden auf 10 Stunden zu verkürzen. In einer Anzahl von Fabriken haben sich die Arbeiterinnen vor zehn bis zwölf Jahren den zehnstündigen Arbeitstag auf dem Wege des Streiks erkämpft; eine gewisse besondere Berechtigung lag in einzelnen Fällen in dem Umstande vor, daß die Arbeiterin, die von 6 Uhr morgens bis 7 Uhr abends in oder bei der Fabrik weilte, noch eine halbe Stunde, ja eine ganze Stunde am Morgen und am Abend zur und von der Arbeit zu gehen hatte. Fassen Sie dies ins Auge, so ist nicht zu verkennen, daß die Sympathien für alle Bestrebungen in Bezug auf die kürzere Beschäftigung der weiblichen Arbeiter Boden finden. Es würde wohl angemessen sein festzustellen, ob in den übrigen Industrien und bei welcher Anzahl Arbeiterinnen die elfstündige Arbeitszeit noch üblich ist, und wir würden uns dann auf den Standpunkt stellen können — der meiner Ansicht nach hier nicht genügend scharf zum Ausdruck gebracht ist —, daß im allgemeinen die weiblichen Arbeiter in der Industrie schon jetzt nicht mehr als zehn Stunden beschäftigt werden, daß es aber in Berücksichtigung der speziellen Verhältnisse einzelner Industrien wünschenswert ist, an den Beschlüssen, die wir früher schon gefaßt haben, festzuhalten.

Meine Herren, wenn wir zeigen, daß nur die Not die elfstündige Arbeitszeit aufrecht erhält, dann wird auch die Regierung und werden auch die bürgerlichen Parteien jedenfalls nicht schroff darauf bestehen, den zehnstündigen Arbeitstag gesetzlich festzulegen, eine Maßregel zu treffen, die bedauerlich wäre mit Rücksicht darauf, daß die Saisonarbeiten zeitweise Ueberstunden erfordern. Wenn man sieht, daß es sich um eine verhältnismäßig geringfügige Anzahl von Arbeiterinnen handelt, der größte Teil der Industriellen von dem Wunsche beseelt ist, die zehnstündige Arbeitszeit, wo sie noch nicht eingeführt werden konnte, anzustreben, dann, glaube ich, werden wir am ersten dazu gelangen, die elfstündige Arbeitszeit namentlich für Zeiten, wo sie wirklich notwendig ist, ohne gesetzliche Einschränkung zu erhalten.

Dr. **Büttner**-Augsburg: Meine Herren, ich bin zu der gestrigen Vorbesprechung der Baumwollenindustrie als Delegierter des Vereins Süddeutscher Baumwollenindustrieller entsandt worden, und zwar bin ich delegiert worden mit dem ausdrücklichen Auftrag, die Anschauungen der Augsburger Industriellen zum Ausdruck zu bringen.

Es liegt der einmal gegebene, wenn auch bedauerliche Fall vor, daß der Verein Süddeutscher Baumwollenindustrieller in der gegenwärtigen Frage eine geschlossene und einheitliche Anschauung nicht zum Ausdruck bringen kann. Es ist den Herren bekannt geworden, daß das Vorgehen der Augsburger Industriellen in den Kreisen des Vereins Süddeutscher Baumwollenindustrieller eine einheitliche Billigung nicht gefunden hat, und deshalb hat sich bei der gestrigen Vorbesprechung gezeigt, daß die Anschauungen unserer vier oder fünf Delegierten in der Tat auch auseinandergegangen sind.

Meine Herren, es sind heute bezüglich des Vorgehens von Augsburg so viele Bemerkungen gefallen, daß, wenn ich auch heute hier nur als Gast Ihrer Ausschußsitzung infolge Ihrer freundlichen Einladung beiwohnen kann (Generalsekretär Bueck-Berlin: Aber als stimmberechtigter Delegierter!), ich dennoch wenigstens einige Bemerkungen nicht unterlassen möchte.

Meine Herren, ich habe gestern in der Vorbesprechung Veranlassung genommen, ziemlich ausführlich die Gründe zu erörtern, die uns in Augsburg gezwungen haben, so zu handeln, wie es Ihnen bekannt ist. Diese Gründe liegen auf dem Gebiete eines großen äußeren Zwanges. Ich habe gestern schon erklärt, daß es nicht bloß sozialtheoretische Erwägungen waren, sondern daß in der Tat ein zwingender äußerer Anlaß gegeben war, der in einer umfassenden Textilarbeiter-Bewegung bestand, und ich habe hervorgehoben, daß eine Reihe ernster Erscheinungen uns zu unserem Vorgehen bestimmt hat. Ich weiß nicht, inwiefern es zweckmäßig ist, hier alle die Gründe im Detail zu erörtern, die damals vorgelegen haben. Es ließe sich denken, daß vielleicht Gründe dafür sprechen, mit diesen Dingen, die der Oeffentlichkeit nicht vorenthalten bleiben könnten, wenn sie hier im Detail ausgeführt würden, zurückzuhalten.

Aber, meine Herren, eins kann ich doch erwähnen, die Gründe lagen zum Teil in der außerordentlich verwickelten und schwierig gewordenen politischen Situation in Bayern. Wir haben hier gerade durch die Wahlen zum Bayerischen Landtag im Juli heurigen Jahres Verhältnisse erhalten, die haarsträubend sind und die eine Verbitterung und eine Verhetzung der breiten Massen, bis weit in die bürgerlichen Kreise hinein, gebracht haben, wie sie in Bayern noch nicht da war. Sie wissen selbst, daß die alte Hochburg nationaler Anschauungen, die Stadt Augsburg, heute im Bayrischen Landtag trotz des komplizierten Wahlsystems durch einen Sozialdemokraten mitvertreten ist.

Meine Herren, es spielte dann hinein der Ausstand der Metallarbeiter bezw. die Aussperrung derselben in Augsburg und eine Reihe anderer Gründe. Ich habe gestern Gelegenheit gehabt, das Milieu zu schildern und zu zeigen, daß in der Tat die Verhältnisse außerordentlich schwierig waren. Es hätte sich ja wohl nicht darum gehandelt, daß ein umfangreicher S t r e i k der Augsburger Textilarbeiter erfolgt wäre. Aber es waren nach der modernen Taktik der Gewerkschaften schon alle Anstalten getroffen, um die Industrien zu einem außerordentlich schweren Schritt zu zwingen, nämlich zu dem Schritt einer allgemeinen Aussperrung, die sich nicht bloß auf Augsburg hätte beschränken können, die sich hätte ausdehnen müssen auf Südbayern, unter Umständen auch auf Nordbayern und auf Württemberg.

Also, meine Herren, die Gründe lassen sich wohl nicht alle hier im Detail wiedergeben, aber ich darf annehmen, daß nach meinen gestrigen Ausführungen die Herren der Textilindustrie, die anwesend waren, immerhin den Eindruck gewonnen haben, daß es triftige und wesentliche Gründe eines äußeren Zwanges gewesen sind. (Rufe: Nein!)

Man hat uns vorgeworfen, meine Herren, daß wir etwas zu pessimistisch sind, und ich gebe zu, daß das vielleicht in einem gewissen Grade der Fall war. Aber wenn Sie die Stimmung in Südbayern gekannt haben oder kennen, so würden Sie es immerhin begreiflich finden, daß man zu diesem Beschluß gekommen ist.

Es ist dann heute erwähnt und das Befremden ausgesprochen worden, daß wir nicht die nötige Fühlung genommen haben mit den übrigen Verbänden (sehr richtig!), bezw. mit dem Direktorium des Centralverbandes. (Sehr richtig!) Meine Herren, ich kann hier erklären, daß die Leitung unseres Vereins selbst bei einer anderen Gelegenheit es offen und in loyaler Weise ausgesprochen hat, daß hier in der Tat ein Fehler gemacht worden ist. Ich stehe nicht an, hier diese Erklärung zu wiederholen.

Meine Herren, Entschuldigungsgründe sind aber doch vorhanden. Es ist uns die weitere Sachbehandlung zu einem guten Teil durch den Gang der Ereignisse aus der Hand genommen worden. Die Textilarbeiterschaft in Augsburg wollte zu einem entscheidenden Schritte ausholen, und in einer großen Versammlung, die mehrere tausend Arbeiter vereinigte, sollten entscheidende Beschlüsse gefaßt werden. Um der Bewegung in diesem Moment den Boden zu entziehen, hat man sich entschlossen, den Beschluß der Augsburger Industriellen — über den man sonst noch mit den übrigen Korporationen hätte ins Benehmen treten können — zu publizieren und so von vornherein der ganzen Bewegung, die auch einen außerordentlich politischen Anstrich hatte, gewissermaßen die Spitze abzubrechen.

Also, meine Herren, in der Beziehung liegen zweifellos Gründe vor, die das Sachverhältnis mildern, und bei einer detaillierten Kenntnis der Vorgänge werden Sie dieselben auch acceptieren müssen.

Nun, meine Herren, hat man uns heute auch den Vorwurf gemacht, Augsburg hätte ja nicht das getan, was die Arbeiter verlangt haben, es wäre mit einer entsprechenden Lohnerhöhung abzumachen gewesen, daß die ganze Bewegung ein Ende genommen hätte.

Darauf habe ich nur zu sagen: Die Bewegung war in dem Moment bereits zu weit gediehen. Sie alle wissen, meine Herren, daß eine Lohnerhöhung, die sich mit einigen wenigen Prozent begnügt, heutzutage nicht mehr das Losungswort ist, das einen großen wirtschaftlichen Kampf, wie er hier in Frage gestanden hätte, auf die Dauer, ich möchte sagen, alimentiert hätte, sondern die Textilarbeiterschaft hatte in dem Moment, im Juli heurigen Jahres bereits zu einer anderen Parole gegriffen, zu einer Parole, bei der sie sicher war, die Sympathien eines sehr weiten Kreises und sehr vieler bürgerlicher Elemente zu finden. Sie hatte für ihre Bewegung auf die Fahne geschrieben die Forderung der zehnstündigen Arbeitszeit.

Die Entscheidung war für die Augsburger Textilindustriellen zweifellos eine überaus schwierige. Man war sich klar darüber, daß, gleichviel, ob man sich ablehnend verhalten oder ob man Konzessionen machen würde, die Folgen wohl außerordentlich schwere sein würden. Aber, meine Herren, man hat sich bei der Gelegenheit auch gesagt, wenn man eine große Bewegung der Textilarbeiterschaft riskiert, wenn man bei dieser Bewegung von dem schärfsten und letzten Mittel des sozialen Kampfes Gebrauch macht, von einer umfassenden Aussperrung, so wird nach unserer heutigen politischen Lage und nach der Tatsache, daß sich unsere Regierungen in der Tat in außerordentlicher Weise von dem beeinflussen lassen, was man die öffentliche Meinung nennt, dadurch in der Tat erst recht der Anstoß gegeben zu einer weiteren gesetzlichen Beschränkung der Arbeitszeit für Arbeiterinnen. Ich glaube, ein Kampf, der große Teile der Textilindustrie im Süden unseres Vaterlandes umfaßt hätte, würde ein natürlicher Anstoß gewesen sein, insbesondere für die politischen Parteien, in ihrer Spekulation auf die wirtschaftlichen Instinkte der Massen eine sofortige gesetzliche Reduktion der Arbeitszeit für Arbeiterinnen zu verlangen.

Also, meine Herren, auch dieses Moment hat mit eine Rolle gespielt.

Was nun die Stellung der Augsburger Industriellen zu der Frage anlangt, die heute Ihren Ausschuß beschäftigt, so habe ich folgendes zu sagen: Die Augsburger Industriellen würden es für wünschenswert erachten, wenn es dem Centralverband möglich wäre, sich unter entsprechenden Bedingungen, insbesondere unter der Forderung ausreichender Kautelen für die Bewegungsfreiheit der Industrie und unter Wahrung einer reichlichen Uebergangsfrist, für die gesetzliche Einführung der zehnstündigen Arbeitszeit auszusprechen. Meine Herren, unser Grund ist ein einfacher. Er liegt darin — das ist wohl eine unbestrittene Tatsache —, daß der äußere Zwang, der in Augsburg eingetreten ist, sich ganz zweifellos an allen übrigen Plätzen, wo Textilindustrie im Deutschen Reich sich befindet, wiederholen wird. Es ist eine bedauerliche Tatsache, und das ist uns selbst am allermeisten leid, daß die Bewegung eine Nahrung dadurch erhalten wird, daß man sich auf unser Vorgehen in Augsburg beruft. Das ist eine Folge unseres Vorgehens, die wir ganz gewiß nicht beabsichtigt haben und bezüglich deren wir hier in loyaler Weise erklären, daß es uns leid tut, daß diese Folgerung gezogen werden wird. Aber, meine Herren, über die Tatsache wird man doch nicht hinwegkommen, daß von einem Platz zum andern wie ein Lauffeuer die Bewegung anwachsen wird, und daß von dem prinzipiellen Standpunkt einer Gegnerschaft gegen die zehnstündige Arbeitszeit in der Praxis immer mehr abgebröckelt wird.

Man hat unser Vorgehen eine Desavouierung des Centralverbandes genannt. Ich fürchte, daß dieses Desaveu sich fortsetzen wird, sehr gegen unseren Willen, und sehr zu unserem Leide. Aber ich glaube, mit der Erwägung ist immerhin zu rechnen, ob eine derartige Erscheinung nicht doch mehr Schaden stiftet, als wenn wir heute — das heißt, es kommt für heute wohl nicht mehr in Frage, nach den Anschauungen, die zur Geltung gebracht worden sind — uns unter gewissen Kautelen, und unter, sagen wir, schweren Bedingungen, für eine seinerzeitige, vielleicht erst in einigen Jahren erfolgende gesetzliche Verkürzung der Arbeitszeit ausgesprochen hätten.

Meine Herren, es ist gesagt worden, eine derartige gesetzliche Konzession würde nur dazu führen, daß immer weitere Forderungen erhoben werden. (Sehr richtig!) Es ist zweifellos sehr viel Wahres an dieser Behauptung; aber, meine Herren, das Maß dessen, was nach der allgemeinen Anschauung von den Arbeitern hinsichtlich der Arbeitszeit verlangt werden kann, ist ja immer etwas Relatives, und wir wollen uns doch nicht der Tatsache verschließen, daß während der letzten beiden Jahre — das beweisen die vielen Uebergänge einzelner Betriebe zu einer kürzeren Arbeitszeit — sich doch immer mehr die Anschauung Platz machte, daß eine elfstündige Arbeitszeit, wo nicht ganz zwingende Gründe dafür sprechen, als zu lang betrachtet werden muß. Meine Herren, es sind das Imponderabilien. Aber die Imponderabilien haben in der Entwickelung der Dinge ein sehr großes Gewicht, und man hat mit ihnen zu rechnen.

Unser Standpunkt in der Beziehung war nun, zu sagen: die zehnstündige Arbeitszeit, die für Augsburg jetzt durchgeführt worden ist, ist dasjenige, was auch bei sehr weitgehenden sozialpolitischen Anschauungen das äußerste Maß dessen ist, was zugestanden werden kann, und damit soll dann Schluß sein. (Heiterkeit. — Rufe: Abwarten!)

Meine Herren, ich habe schon vorhin angedeutet, daß das Maß der Anschauungen ein relatives ist. Ich spreche selbstverständlich für die jetzige Periode, nicht für einen Zeitraum von zwanzig und mehr Jahren später, in dem die Anschauungen vielleicht in der Tat eine weitere Wandlung werden erfahren haben. Aber für die Gegenwart darf man zweifellos sagen, wäre die zehnstündige Arbeitszeit wohl das Maximum dessen, was verlangt und zugestanden werden könne. Unser Standpunkt war, uns weder durch einen Druck von oben noch durch einen Druck von unten zwingen zu lassen, sondern lieber eine gesetzliche Regelung zu konzedieren.

Meine Herren, ich habe gestern den Versuch gemacht, die Herren zu unserer Anschauung zu bekehren, habe aber die Erfahrung machen müssen, daß ich mit dieser meiner Meinung absolut allein gestanden habe. Man hat es eine glänzende Vereinsamung genannt, und ich habe auch keine Gründe, hier noch weitere Versuche zu machen, Sie zu diesen Anschauungen zu bekehren. Ich habe aber doch nicht umhin gekonnt, einigermaßen zu streifen, aus welchem Grunde unser Vorgehen in Augsburg erfolgt ist.

Bei der Anschauung, wie sie hier in der Mehrheit vertreten ist, komme ich leider auch zu der Ueberzeugung, daß eine Antragstellung, die abweichend wäre von dem Beschluß des Centralverbandes vom 5. Mai laufenden Jahres, in der Tat nicht Aussicht auf Erfolg hat und ich sehe daher von einer solchen ab.

Handelskammersyndikus Dr. **Gerstein**-Hagen i. W.: Die Handelskammer Hagen war seinerzeit aufgefordert worden, eine gutachtliche Aeußerung über die hier zur Erörterung stehende Frage abzugeben. Deshalb bin ich auch als Gast des Ausschusses hier mit anwesend.

Wir haben neben der Kleineisenindustrie in unserem Bezirke auch eine nicht unbedeutende Textilindustrie: Baumwollenspinnerei, Weberei, Kattunfabrikation. In diesen Betrieben steht man auf dem Standpunkt, daß die stündliche Leistung durch Herabsetzung der Arbeitszeit nicht gesteigert werden kann, weil sie vollständig abhängig ist von dem Gange der Maschinen, der nicht mehr beschleunigt werden kann. (Sehr richtig!) Außerdem ist mir gesagt worden, daß der ganze Betrieb für die Zeit ruhen muß, für welche die Tätigkeit der Arbeiterinnen untersagt ist, weil die Tätigkeit der Männer vollständig abhängig ist von derjenigen der Frauen. Die Einen können nicht arbeiten, wenn die Andern feiern. In diesen Betrieben ist man daher ganz entschieden gegen eine gesetzliche Festlegung der zehnstündigen Arbeitszeit für weibliche Arbeiter.

Ferner haben wir eine bedeutende Industrie zur Herstellung von Bändern, Kordeln, Litzen, mechanisch geklöppelten Spitzen. Diese Industrie ist teilweise von der Jahreszeit abhängig, teilweise von der Mode, und sie kann in der ruhigen Zeit, in der die Artikel nicht gebraucht werden, nicht viel auf Lager arbeiten, weil die Moden vollständig unberechenbar wechseln und die etwa hergestellten Vorräte später vielleicht nicht verkäuflich sein würden. Wenn die Mode irgendwelche neue Artikel verlangt, dann müssen die Fabrikanten die Ware sofort liefern, oder sie kommen damit zu spät. Aus diesen Gründen sind die Fabriken darauf angewiesen, zeitweise länger zu arbeiten, als in anderen Monaten. Man ist zwar im allgemeinen wohl der Ansicht, daß man den weiblichen Arbeitern die zehnstündige Arbeitszeit zubilligen solle, aber es darf unter keinen Umständen eine gesetzliche Festlegung stattfinden, bei der die periodenweise Verlängerung der Arbeitszeit abhängig ist von der Zustimmung der Verwaltungsbehörde, die erfahrungsgemäß unter Umständen schwer zu erlangen ist, und bei der zu befürchten ist, daß die Genehmigung nicht in allen Bezirken gleichmäßig erteilt wird, daß also einzelne Gegenden günstiger arbeiten werden, als andere.

Aus diesen Gründen bleiben wir bei dem Beschluß, der früher schon vom Centralverbande gefaßt ist. Es wird einer wohlwollenden Ermäßigung der Arbeitszeit das Wort geredet, aber eine gesetzliche Festlegung entschieden abgelehnt. (Beifall.)

Handelskammer-Syndikus Dr. **Tille**-Saarbrücken: Meine Herren, es ist heute mehrfach darauf hingewiesen worden, daß die Verkürzung der Arbeitszeit abhängig sei von der allgemeinen Lage der Industrie und speziell von den Wettbewerbsverhältnissen auf dem Weltmarkte. Ich möchte nun Ihre Aufmerksamkeit noch auf einen andern Punkt lenken, der für die Sache vielleicht noch bestimmender ist als die allgemeine Industrielage, und das ist die Einzelleistung, die Leistungsfähigkeit des einzelnen Arbeiters.

Es ist ja eine bekannte Tatsache, daß die trägeren Völker des Ostens, die Chinesen, die Inder u. s. w., eine vierzehn- bis sechzehnstündige Arbeitszeit haben, und daß die Arbeitszeit um so kürzer ist, je gewandter, flinker und rascher die betreffende Arbeiterbevölkerung ist. Das bezieht sich nicht etwa bloß auf Nationen, sondern auch auf einzelne Industrien innerhalb desselben Volkes, auf einzelne Arbeiterschaften innerhalb dieser Industrien und auf die verschiedenen Grade der Leistung in demselben Industriebetriebe.

Bei dem großen Streik der Maschinenbauer in England 1897/98 wurde festgestellt, daß die Maschinenbauer in London, die mechanikerartige Arbeit verrichteten, schon die 48stündige Arbeitswoche hatten, das heißt also fast den Achtstundentag, einzelne sogar die 44stündige Arbeitswoche, das heißt den richtigen Achtstundentag für fünf Tage mit nur vier Stunden Samstagsarbeit, und daß je gröber und untergeordneter die Arbeit im Maschinenbau war, bei den Fabriken in der Provinz z. B., desto länger auch die Arbeitszeit dauerte, bis zu 54 und 56 Stunden die Woche.

Das bringt ein Moment in die Erörterung über die Verkürzung des Arbeitstages, das doch wohl auch beachtenswert ist, und um so beachtenswerter, als unsere Gegner, die Theoretiker und Sozialmoralisten, das Verhältnis gewöhnlich umkehren. Es gibt bekanntlich ein Buch von dem größten deutschen Sozialmoralisten, dem Professor Brentano in München: „Arbeitslohn, Arbeitszeit und Arbeitsleistung“. Der Herr bildet sich ein, daß von dem Arbeitslohn, der bezahlt wird, und von der Kürze der Arbeitszeit die Arbeitsleistung abhänge. Er muß aber gegen Ende des Buches selbst die Sache einschränken, indem er sagt, daß das nur dann der Fall ist, wenn die Steigerung der Arbeitslöhne zu einer Hebung der gesitteten Lebenshaltung verwendet und nicht etwa im Wirtshaus vertrunken werde, ja er muß auch mit dieser Einschränkung noch die östlichen Völker ausnehmen.

Ja, meine Herren, die Industrie als solche weiß ganz genau aus eigenster Erfahrung, daß das Kausalverhältnis grade umgekehrt ist. Wo Sie hochleistungsfähige Arbeiter haben, da können Sie auch hohen Lohn zahlen und weniger Stunden arbeiten lassen. Denn das Entscheidende ist das Maß Arbeit, das in der Zeiteinheit getan wird. Bei einer wirklich leistungsfähigen Arbeiterschaft liegt der Fortschritt in der Leistung darin, daß in der gleichen Zeit entsprechend mehr geschafft wird. Natürlich erfolgt dann auch eine größere Anstrengung, und natürlich kann dann auch ohne Schaden für den Betrieb die Stundenzahl der Arbeit herabgesetzt werden. Die tägliche Arbeitszeit befindet sich also in unbedingter Abhängigkeit von der Leistungsfähigkeit der Arbeiter. Die höhere Leistungsfähigkeit der Arbeiter ist die Voraussetzung für die Verkürzung der Arbeitszeit.

Was die deutsche Industrie betrifft, so habe ich mich ganz vor kurzem mit der Industrie-Enquete von 1878 zu beschäftigen gehabt, die bekanntlich die Textilindustrie und die Eisenindustrie umfaßt. Wenn man die heutigen Verhältnisse der Leistungsfähigkeit unserer Arbeiter mit dem vergleicht, was dort in der Enquete festgestellt wurde, so sind die Fortschritte ganz überwältigend. Ganz dementsprechend ist die Dauer des Arbeitstages in der deutschen Industrie seit 1878 ganz bedeutend gesunken.

Es gibt eine ganze Reihe Faktoren, die darauf hinwirken, daß die Leistungsfähigkeit steigt. Einmal ist es natürlich die fortgeschrittene Maschinerie, die dem Arbeiter Gelegenheit gibt, in der gleichen Zeiteinheit mehr zu leisten, dann spricht natürlich die Steigerung der Arbeitsfreudigkeit, die Anhänglichkeit an den Betrieb mit und dann kommt noch ein drittes Moment in Betracht, das gerade in Deutschland eine ganz gewaltige Rolle spielt. Ursprünglich hat sich die Arbeiterschaft in Deutschland fast ausschließlich aus einer ziemlich tief stehenden Volksschicht rekrutiert. In den 40er und 50er Jahren des vorigen Jahrhunderts war keineswegs die Elite der unteren Klassen in unseren Fabriken beschäftigt. Das ist nach und nach, wie die Industrie stieg, anders geworden. Wir haben erst das untere Handwerk, dann das mittlere Handwerk aufgesogen. Wir haben weiter vom Lande ganz bedeutenden Zuzug von tüchtigen Arbeitern erhalten, und dadurch ist die durchschnittliche Leistungsfähigkeit unserer Arbeiterschaft außerordentlich gestiegen, und Hand in Hand damit natürlich ganz von selbst in beinahe allen Gegenden Deutschlands eine ganz bedeutende Verkürzung der Arbeitszeit eingetreten.

Wir an der Saar haben bekanntlich eine sehr hochstehende, leistungsfähige Arbeiterschaft. Wir haben kaum noch irgendwo den Elfstundentag, der Durchschnitt ist kaum noch $10^1/_4$ Stunden; wir haben im wesentlichen 10 Stunden. Es gibt Betriebe, wo noch $10^1/_2$ Stunden gearbeitet wird, aber im großen und ganzen überwiegt der Zehnstundentag, so daß die Mehrzahl unserer Arbeiter heute nur etwa $10^1/_4$ Stunden im Durchschnitt beschäftigt ist. Unsere ganze keramische Industrie hat überhaupt schon den Zehnstundentag.

Der Kernpunkt der Frage ist die Leistungsfähigkeit der Arbeiterschaft.

Das ist ein Moment, das bei dieser Sache schwer ins Gewicht fällt, und ich meine, es ist auch ein Moment, das der deutschen Industrie auch eine ganz neue Waffe in die Hand gibt gegenüber den Forderungen auf immer weitergehende Herabsetzung der Arbeitszeit. Wir können sagen: eine weitere Herabsetzung der Arbeitszeit ist wohl möglich, wenn die Leistungen entsprechend wachsen. Wer eine Herabsetzung der Arbeitszeit wünscht, der muß den Nachdruck legen auf die Steigerung der Arbeitsleistung. Die deutschen Sozialmoralisten reden allerdings immer nur von den kargen Löhnen und von der Hartherzigkeit der Industriellen gegenüber den Arbeitnehmern. Ueber die Arbeitsleistung schweigen sie sich aus. Sie übersehen, daß nur in dem Maße, wie die Arbeitsleistung steigt, auch die Löhne heraufgesetzt und die Arbeitszeit verkürzt werden kann.

Nun möchte ich noch ein Wort darüber sagen, wie denn eine gesetzliche Verkürzung des Arbeitstages wirkt, also eine Verkürzung, die auf die örtliche Leistungsfähigkeit der einzelnen Arbeiterschaften keine Rücksicht nimmt. Wir haben auf dem Gebiete ja eine große Masse von Experimenten wenigstens darüber, wie eine plötzlich beschlossene und durchgeführte Herabsetzung gewirkt hat in den großen englischen Betrieben, die versuchsweise den Neun- und Achtstundentag eingeführt haben. Da hat sich allerdings in mehreren Fällen gezeigt, daß mit dem Neunstundentag soviel zu schaffen war, wie vorher mit dem Zehnstundentag. Aber, meine Herren, das Experiment war doch ein ganz besonderes. Es wurden eben zugleich einfach 10 pCt. der schlechtesten Arbeiter entlassen und 10 pCt. der höchstwertigen Arbeiter eingestellt, so daß die durchschnittliche Leistungsfähigkeit der Arbeiterschaft *ebenfalls gleichzeitig ganz bedeutend* stieg. Das wird gewöhnlich bei der Betrachtung des Experiments vergessen, ist aber die Hauptsache.

Nun ist es ja richtig, daß in der Textilindustrie der Steigerung der einzelnen Arbeitsleistung gewisse Grenzen gezogen sind. Es ist aber nicht absolut richtig, daß bei der Spinnerei die höhere Leistungsfähigkeit des Arbeiters nicht mehr zur Geltung komme. Einmal ist dies schon möglich durch Uebergehen zum Spinnen feinerer Garnnummern. Was den Gang der Maschinen betrifft, so ist derselbe allerdings kaum noch zu steigern, denn er ist z. B. von der Stapellänge der Baumwolle abhängig. Aber, die anwesenden Herren Textilindustriellen wissen ja wahrscheinlich, daß in Japan der Prozentteil der Zeit, der für den Maschinengang verloren geht, durch Wiederanknüpfung abgerissener Fäden, 25 pCt. beträgt, und in England 4 bis 5 pCt. Also da sind doch auch ganz bedeutende Schwankungen vorhanden, die auf das Produkt wirken und absolut von der Fähigkeit der Arbeiter abhängen. Wenn der Arbeiter munterer und frischer ist, dann wird er die Fäden etwas schneller anknüpfen. Aber natürlich in der Textilindustrie ist das ein ganz minimaler Prozentsatz und ein ganz kleiner Teil, der wahrscheinlich kaum 1 pCt. der Produktion ausmachen wird. In anderen Industrien ist, je mehr Menschengeist und Menschenkraft in ihnen betätigt wird, der Prozentsatz naturgemäß ein ganz bedeutend größerer.

Aus dieser Betrachtung über die Abhängigkeit der Dauer des Arbeitstages von der Arbeitsleistung der Handarbeiter ergibt sich, daß nie ein Volk für alle Zeit sich festlegen kann auf einen Arbeitstag von einer bestimmten Größe, sondern daß die Länge des Arbeitstages mit der Steigerung der Arbeitsleistung sinken muß. Es wird, glaube ich, die höchste Zeit, daß der deutschen Arbeiterschaft zu Gemüte geführt wird, daß, unabhängig von der Leistung, eine Festsetzung des Lohnes und der Arbeitszeit unmöglich ist. Es bestehen ja heute eine große Fülle von Bestrebungen in der Arbeiterschaft, die von der Arbeitsleistung möglichst absehen und Durchschnittslöhne vereinbaren wollen, ganz ohne Rücksicht darauf, ob viel Leistung oder wenig Leistung. In den Tarifgemeinschaften bestehen ja zum Teil heute schon solche Verträge. Vielerorts wird auch ein Minimallohn eingeführt, der auf dasselbe hinausläuft und nur dazu führen muß, Härten hervorzurufen, indem diejenigen Arbeiter, die nicht soviel leisten, daß der Minimallohn sich bezahlt macht, entlassen werden müssen. Das ist nun in dem Falle, der uns jetzt beschäftigt, besonders wichtig. Wenn heute ein gesetzlicher Arbeitstag von 10 Stunden für Arbeiterinnen käme, so ist es zweifellos, daß derselbe in einer Reihe von Betrieben wahrscheinlich durchführbar sein würde. Die Herren in Augsburg haben ja gezeigt, daß es z. B. bei ihnen der Fall sein wird. Aber, meine Herren, das beweist für die Allgemeinheit gar nichts. Wenn irgendwo eine Gruppe von Arbeiterinnen ist, von denen die Unternehmer selbst überzeugt sind, daß ihre Leistungsfähigkeit so hoch ist, daß bei Verkürzung der Arbeitszeit um rund 9 pCt. dieselbe Leistung erzielt wird, — gut, dann kann man der betreffenden Industrie das Experiment ganz gern überlassen. Aber für die Allgemeinheit beweist das absolut nichts. Die allgemeinen Verhältnisse werden ganz andere sein; überall da, wo sich der Arbeitslohn dann nicht mehr bezahlt macht, würde eine Herabsetzung des Lohnes ganz unvermeidlich sein. Da dies aber in vielen Fällen nicht durchführbar sein würde, so würden eben doch die Frauen aus dem Betriebe ausgemerzt und durch männliche Arbeiter ersetzt werden müssen. Das würde aber ganz bedeutend auf die Einkommensverhältnisse der Arbeiterbevölkerung im allgemeinen drücken, denn es sind ja davon nicht nur die entlassenen Frauen betroffen, sondern es entsteht dadurch zugleich ein so stark vermehrtes Angebot von weiblichen Arbeitskräften, daß das natürlich überhaupt auf den Arbeitsmarkt der weiblichen Arbeiter drücken muß. Es würde damit also allgemein die Arbeiterbevölkerung sehr viel schlechter gestellt werden. Es ist ganz sicher, daß bei Durchführung eines kürzeren gesetzlichen Arbeitstages für Frauen diese Folgeerscheinungen sehr häufig hervortreten würden, wie bei einem gesetzlichen Arbeitstage von 10 Stunden für Männer das gleiche der Fall sein würde: alle diejenigen, welche das betreffende Mindestmaß nicht leisten, ob sie dazu nun zu jung sind oder zu alt, oder zu schwächlich, würden von der Industrie abgestoßen werden müssen, während sie heute beschäftigt sind, und ob man das wünschen kann im Interesse der Arbeiter, das möchte ich doch dahingestellt sein lassen.

Kommerzienrat **Stark**-Chemnitz: Meine hochverehrten Herren! Ich fürchte sehr, wir kommen in dieser Weise wohl nicht weiter. Die Hauptsache ist ja jedenfalls die: Soll der Centralverband seinen vorher eingenommenen Standpunkt modifizieren, oder soll er auf dem Standpunkt vom Mai dieses Jahres stehen bleiben? (Sehr richtig!) Und da glaube ich, daß nach den ganzen vorliegenden Aeußerungen und auch ganz besonders eingedenk des Umstandes, daß die ganze große deutsche Industrie nicht innerhalb eines halben Jahres ihre Meinung so gründlich ändern kann (sehr richtig!), wir auf dem alten Standpunkt stehen bleiben müssen, und daher uns der Resolution, die Herr Langen Ihnen unterbreitet hat, im Prinzip anschließen müssen. (Sehr richtig!)

Meine Herren, ich möchte aber auf einen Punkt in der Resolution aufmerksam machen, und das ist der: Aus dem Munde des Herrn

Vertreters der Herren in Augsburg haben wir heute und gestern die Konstatierung vernommen, daß die Herren in Augsburg einem Zwange gewichen sind. Sie sind nicht bloß, ich möchte sagen, aus philantropischen Ansichten zu der Ueberzeugung gekommen, daß der Zehnstundentag eingeführt werden müsse, sondern sie haben, wie Herr Dr. Büttner ausdrücklich erklärte, sich dem Zwange gefügt. Und, meine Herren, das ist doch eine ganz veränderte Lage und eine Lage, auf die sich auch der Centralverband in seiner Resolution hier mit beziehen kann. Also prinzipiell sind die Herren in Augsburg auch der Ansicht, daß der Zehnstundentag für die Industrie gefährlich ist, sie haben aber gezwungen nachgegeben, und das ist für uns andere, die wir nicht in solcher Lage sind, immer noch kein Grund, ihnen dies nachzumachen.

Ich würde also empfehlen, daß wir diesen Standpunkt in der Resolution mit andeuten würden.

Meine Herren, es würde vielleicht auch nichts schaden, wenn gesagt würde, daß der Centralverband und die in ihm vertretene Industrie immer arbeiterfreundlich gewesen ist, und daß, wo es anging, eine Erleichterung in den Arbeitsbedingungen einzuführen und eine Kürzung der Arbeitszeit ohne wesentliche Interessen zu schädigen, herbeizuführen, die Industrie immer dazu bereit gewesen ist. Momentan ist aber für eine große Zahl der Industrien diese Zeit nicht gekommen, besonders auch in Anbetracht der Zollverhältnisse. Das würde aber nicht ausschließen, daß, wo es möglich ist, vielleicht auf eine zehnundeinhalbstündige Arbeitszeit zurückzukommen, dies unter der Hand und in inoffizieller Form durchgeführt werden kann.

Meine Herren, was bei dem Vorgehen in Augsburg ganz besonders zu berücksichtigen ist, und vielleicht recht bedauerlich ist, das ist die Erschütterung, die in unseren Arbeitgeberverbänden durch das Vorgehen herbeigeführt worden ist. Meine Herren, ein derartiges Auseinandergehen in den Anschauungen und dieses selbständige Vorgehen von Augsburg wird jedenfalls dazu führen, die vor kaum einem Jahre ins Leben gerufenen Arbeitgeberverbände nicht fester aneinander zu schließen, sondern eher zu erschüttern, und das ist es, was ich außerordentlich bedauere.

Meine Herren, wir sind von allen Seiten von Feinden umringt, von allen Seiten machen sich Kämpfe geltend, und statt daß die Arbeitgeberverbände sich fest aneinandergeschlossen hätten, ist eine gewisse Lockerung erfolgt.

Meine Herren, ich würde dringend anheim geben, dem ein gewisses Gegengewicht zu halten und vielleicht zu versuchen, jetzt zu einer völligen Einigung unserer gesamten Arbeitgeberverbände, der Hauptstelle und des Arbeitgeber-Vereins, zu schreiten, vielleicht ein ständiges Komitee zur Beratung von wichtigen Fragen einzurichten, damit bei großen Lohnstreitigkeiten und bei wichtigen Fragen, wie es zum Beispiel das Verhandeln mit den Arbeiter-Organisationen ist, wo von der einen Seite empfohlen wurde, man solle mit den Arbeitnehmer-Organisationen verhandeln, auf der anderen Seite man sich ganz entschieden dagegen sträubt, wenigstens eine gewisse Einigkeit erzielt würde.

Meine Herren, es ist für unsere Gegner jedenfalls ein Schauspiel für Götter, wie sich die Industrie in so wichtigen Fragen benimmt. (Lebhafte Zustimmung.)

Geheimer Finanzrat Dr. **Jencke**-Dresden: Meine Herren, ich bin auch der Ansicht, daß diese außerordentlich interessante und instruktive Debatte jetzt wohl weit genug gediehen ist und ausführlich genug war, und daß wir nun allmählich auf den eigentlichen praktischen Punkt zurückgehen können, nämlich auf diejenige Frage: wie soll sich der Centralverband, insbesondere sein Direktorium, des weiteren verhalten.

Es ist von seiten des Herrn Generaldirektors Weinlig zu meiner großen Befriedigung, anschließend an die Ausführungen des Herrn Generalsekretärs Bueck, dem Bedauern Ausdruck gegeben worden, daß der Centralverband in dieser Frage umgangen worden ist, und daß die Augsburger Herren selbständig vorgegangen sind. Meine Herren, aus den Beifallsbezeugungen, die Sie bei dieser Aeußerung machten, kann ich nur entnehmen, daß Sie allseitig dies Bedauern teilen und niemand hat das Bedauern mehr geteilt als wie das Direktorium des Centralverbandes selbst.

Indes, Geschehenes ist nicht ungeschehen zu machen, und wir können nur für die Zukunft die Lehre daraus ziehen, daß wir — jeder von uns — bestrebt sein müssen, bei einer wiederauftauchenden Frage dies zu beherzigen und sich an die Stelle, wo diese Angelegenheiten alle mit der größten Gewissenhaftigkeit und Sorgfalt genau bearbeitet und behandelt werden, zu wenden, nämlich an den Centralverband, und dort das Resultat der weiteren Beratungen abzuwarten.

An Gelegenheiten dazu wird es ja nicht fehlen. Unsere wirtschaftliche und sozialpolitische Gesetzgebung ist ja nichts weniger als zum Stillstand gekommen, sondern sie ist ständig im Fließen; und so mag sich wohl auch einmal wieder Gelegenheit finden, sich von seiten der im Centralverband vereinigten Industrien darauf zu besinnen, daß es den Centralverband überhaupt gibt.

Meine Herren, ich sagte, an der Tatsache, die von Augsburg geschehen, ist nichts mehr zu ändern. Aber, meine Herren, die Konsequenzen müssen in Betracht gezogen werden. Es ist ganz zweifellos, daß, wahrscheinlich alsbald nach dem Zusammentreten des Reichstages, vielleicht schon am ersten Tage, ein Gesetzentwurf wieder eingebracht werden wird, der sich auf derselben Basis bewegt wie derjenige, der den Gegenstand der Auseinandersetzungen des Referats des Herrn Generalsekretärs Bueck gebildet hat. Dafür sprechen die Vorgänge früherer Sessionen und ich brauche nur zu erinnern an die auch von Herrn Bueck in seinem Referat zitierte Aeußerung des Abgeordneten Hitze, daß es das erstrebenswerteste Ziel wäre, daß die Arbeiterinnen überhaupt aus der Fabrik entfernt werden, daß die Arbeit verheirateter Frauen überhaupt aufhört.

Meine Herren, um zu kennzeichnen, wie unverständig derartige Anträge sind, braucht man ja nur daran zu erinnern, daß es sich, wie mehrfach heute ausgeführt, um weit über 800 000 Personen handelt, und wenn ich den Lohn einer Frau, um zu einer glatten Durchschnittsrechnung zu kommen, nur mit 1 M. pro Tag in Anrechnung bringen will und 300 Arbeitstage im Jahr annehme, so gibt das einen Lohnbetrag von 240 Millionen Mark, der heute bei den gegenwärtigen Verhältnissen den Arbeiterfamilien zu statten kommt, während er später im Haushalt des Arbeiters fehlen würde. Wie ein derartiger Ausfall von 240 Millionen Mark ersetzt werden soll, darüber zerbrechen sich die Herren im Reichstag nicht den Kopf. Sie stellen einfach den Grundsatz auf: Die Frau gehört ins Haus und nicht in die Fabrik, und wie nachher die Leute auskommen mögen ohne den Verdienst der Frau, das ist ihre Sache; darum kümmert sich der Reichstag nicht.

Meine Herren, das Vorgehen der Augsburger ist nun aber ein außerordentlich ernst zu nehmendes, und zwar um deswillen, wie auch gestern in der Vorbesprechung nicht verkannt worden ist, weil es immer weitere Kreise ziehen wird. Die Agitatoren und Gewerkschaften werden, soweit es nicht bereits geschehen ist, dafür sorgen, daß es nicht unverwertet bleibt. Wir haben gestern gehört, daß sich in Schlesien bereits die Arbeiter auf das Vorgehen der Augsburger beziehen, wir haben gehört, daß in Sachsen das gleiche der Fall ist, und es wäre merkwürdig, wenn nicht durch ganz Deutschland sich gewissermaßen lawinenartig der Vorgang so abspielen würde, daß man überall sich auf Augsburg bezieht und erklärt: Da ist die zehnstündige Arbeitszeit eingeführt, und wir wollen sie bei uns auch haben.

Meine Herren, wir haben nun gehört von einzelnen der Herren, welche heute das Wort ergriffen haben, daß in der Tat demnächst mit

Einführung des zehnstündigen Arbeitstages weiter vorgegangen werden wird. Herr Wenzel hat uns mitgeteilt, daß vom nächsten 1. Juli an, wenn ich recht gehört habe, der zehnstündige Arbeitstag in der Kammgarnspinnerei in Sachsen eingeführt werden würde (Zuruf: In drei Etablissements in Leipzig!) — also gut, in Leipziger Etablissements eingeführt werden würde und daß daran nichts mehr zu ändern ist. Herr Geheimrat Dietel hat auch seine Ansicht dahin geäußert, daß wahrscheinlich binnen kurzem der Zehnstundentag eingeführt werden würde (Zuruf: Sicher!), und daß er persönlich geneigt sei, für den zehnstündigen Arbeitstag einzutreten. Herr Sartorius hat sich in ähnlichem Sinne geäußert. Kurz, meine Herren, wenn ich die Stimmung und die Aeußerungen, die hier gefallen sind, summarisch zusammenfasse, so gewinne ich den Eindruck, als ob der zehnstündige Arbeitstag in der Textilindustrie allmählich seinen Weg machen wird (Zustimmung) ohne unser Zutun. Mögen wir wollen oder nicht, oder mögen wir ihn für richtig halten oder nicht — er wird eben eingeführt werden.

Dieser Tatsache gegenüber, meine Herren, mußte sich doch Ihr Direktorium die Frage vorlegen: Ist es unter diesen Umständen klug, an der Haltung des Centralverbandes festzuhalten oder soll der Centralverband seinen Beschluß vom Mai d. J. einer Revision unterziehen. Eine Klarheit darüber muß geschaffen werden, denn, wie gesagt, die Anträge aus dem Reichstag sind zu gewärtigen, und denen gegenüber muß der Centralverband und Ihr Direktorium eine bestimmte Stellung einnehmen; er muß sie entweder bekämpfen oder als unschädlich bezeichnen.

Wenn dem so ist, und wenn also der zehnstündige Arbeitstag in der Textilindustrie allmählich, gern oder ungern, zur Einführung kommt, dann fragt es sich doch, ob es ernstlich einmal einen Zweck hat, ob es weise ist, Opposition zu machen gegenüber einem derartigen Gesetzesvorschlag, der zweifellos kommt. Meine Herren, da kann man nun verschiedener Meinung sein. Ich weiß ja sehr wohl, daß noch ein großer Unterschied darin ist, ob eine derartige Festlegung der Arbeitszeit gesetzlich erfolgt oder ob sie nur gewohnheitsrechtlich in den Fabriken eingeführt wird. Ich weiß ja sehr wohl, daß, wenn die gesetzliche Festlegung erfolgt, Ausnahmen nicht mehr möglich sind, falls sie nicht im Gesetz vorgesehen sind, während, solange wir es nur mit einem praktisch eingeführten zehnstündigen Arbeitstag zu tun haben, der gesetzlich nicht festgelegt ist, immerhin im Belieben des Arbeitgebers eine gewisse Elastizität gelegen ist und es namentlich in den Fällen, wo es sich um Saisonarbeit handelt und dergleichen mehr, ihm freisteht, einmal 11 Stunden, vielleicht auch darüber arbeiten zu lassen.

Meine Herren, aber wir dürfen uns gar kein Hehl daraus machen: Mit sachlichen Gründen wird im Reichstage nicht operiert werden (sehr richtig!) und auch auf seiten unserer Regierung können wir nicht gewärtigen, daß in ähnlich sachlicher Weise, wie das unter uns geschieht und auch heute geschehen ist, derartige Anträge, wenn sie kommen, geprüft werden. Im Reichstag wird man ganz einfach sagen: Was in Augsburg möglich ist und bei einem großen Teil der süddeutschen Textilindustrie überhaupt und was ohne gesetzlichen Zwang ein großer Teil der übrigen Textilindustrie eingeführt hat — ja, das muß überhaupt möglich sein, und das lassen wir überhaupt nicht gelten, daß das, was wo anders möglich ist, bei einem kleinen Teil unmöglich ist, und deswegen wird man über unsere Bedenken zur Tagesordnung übergehen und ganz einfach den gesetzlichen zehnstündigen Arbeitstag dekretieren.

Meine Herren, so wird der Verlauf sein — höchst wahrscheinlich, und ich kann nur wiederholen: Demgegenüber mußte sich doch das Direktorium die Frage vorlegen und diese Frage recht ernstlich prüfen: Ist es zweckmäßig, in der Opposition gegen eine Sache zu bleiben, die nach unserer Meinung unabwendbar ist.

Für das Ansehen des Centralverbandes ist es natürlich nicht schön, mit starken Argumenten, wie sie hier gebraucht worden sind, und wie sie Herr Bueck Ihnen eben wieder ins Gedächtnis gerufen hat — ich wiederhole: mit starken Argumenten, also mit der Inaussichtstellung des Ruins der Industrie und dergleichen mehr — gegen eine Sache anzugehen, die sich in der Praxis nachher doch als durchführbar erweist, und zwar derart als durchführbar, daß sie auch vor Eintritt des gesetzlichen Zwanges vielfach eingeführt worden ist.

Ja, meine Herren, dazu kommt nun noch speziell für das Vorgehen des Centralverbandes, daß er, wie heute auch schon angedeutet worden ist, durch das Augsburger Vorgehen ein starkes Dementi erfahren hat, und daß, wie auch einer der Herren sagte, dieses Dementi sich fortsetzt, je mehr der zehnstündige Arbeitstag eingeführt wird.

Meine Herren, ich würde, von diesem Gedankengang ausgehend, es für meine Person als nicht unzweckmäßig erachtet haben, wenn der Centralverband in dieser Frage seine Auffassung tatsächlich einer Revision unterzieht und erklärt: Nach den geschilderten Vorgängen hat der Centralverband keine Veranlassung mehr, der Einführung eines zehnstündigen gesetzlichen Arbeitstages zu widersprechen.

Meine Herren, ich würde aber meinen Vorschlag nicht im Sinne der heute stattfindenden Versammlung machen, wenn ich ihn so, wie eben von mir angedeutet, einbringen wollte. Ich glaube vielmehr, der

Auffassung, welche heute hier zum Ausdruck gekommen ist, und welche seitens Ihres Direktoriums nun vor allen Dingen als die der berufenen Sachverständigen zu respektieren ist, entspricht es mehr, wenn wir auf dem Beschluß vom Mai 1905 stehen bleiben und uns so gut, als es nur eben geht — eine leichte Aufgabe ist es nicht —, aus der mißlichen Affaire ziehen. Daß eben ein so großer Teil der Textilindustriellen uns hierbei eigentlich materiell im Stiche läßt, macht die Aufgabe ja nicht ganz leicht; aber es wird doch zu versuchen sein, nach dieser Richtung hin eine Formulierung zu finden, die dem Willen, den Ansichten der Majorität dieser Versammlung Rechnung trägt und dabei doch auf die Bedenken in ähnlicher Weise aufmerksam macht, wie es in dem Beschluß vom Mai 1905 geschehen ist.

Vorsitzender: Meine Herren, Herr Direktor Stark sowohl als wie Herr Geheimrat Jencke haben darauf hingewiesen, daß es doch wohl jetzt Zeit sei für einen positiven Vorschlag, und zwar in Anlehnung an den Antrag des Herrn Langen.

Meine Herren, sonst pflegt das Direktorium bei einer Ausschußsitzung Ihnen einen Beschlußantrag vorher vorzulegen. Das Direktorium war aber diesmal nicht in der Lage, das tun zu können, da es ja die Meinungen namentlich derjenigen Herren, welche der Textilbranche nicht angehören, nicht kannte, mit Ausnahme der verschiedenen Mitteilungen, welche ihm direkt zugegangen sind. Jedoch nach dem Verlauf der Verhandlungen glaube ich annehmen zu dürfen, daß wohl mit wenig Ausnahmen sich alle Herren auf den Standpunkt des Herrn Langen stellen: also Beibehaltung des Beschlusses der Delegiertenversammlung vom 5. Mai dieses Jahres.

In der Voraussetzung, daß der Ausschuß sich auf diesen Standpunkt stellen würde, hat das Direktorium einen Beschlußantrag schon entworfen, und ich darf vielleicht Herrn Bueck bitten, denselben gleich zu verlesen.

Generalsekretär **Bueck**-Berlin: Meine Herren, erlauben Sie mir, noch eine kleine Bemerkung vorauszuschicken. Es sind hier die verschiedensten Gesichtspunkte hervorgehoben worden, mit dem Bemerken, sie müßten in die Resolution aufgenommen werden. Meine Herren, das ist nicht gut möglich. Derartige Gesichtspunkte gehören nachher in die Begründung, mit der man eine solche Resolution an die betreffende Stelle bringt. (Sehr richtig!) Sie in die Resolution selbst aufzunehmen, ist unmöglich.

Meine Herren, diese Resolution würde lauten:

1. Der Centralverband spricht sich mit Entschiedenheit gegen jede weitere Verkürzung der gegenwärtig zulässigen Arbeits-

zeit der Arbeiterinnen durch Gesetz aus, in voller Uebereinstimmung mit allen seinen Mitgliedern, insbesondere mit den Vertretern der Industrien, welche weibliche Personen in großem Umfange beschäftigen.

2. Der Centralverband verlangt, daß dem Arbeitgeber im Hinblick auf die Erhaltung seiner Wettbewerbsfähigkeit, auf die wechselnde Geschäftslage und auf die Eigenart seines Betriebes nach wie vor die freie Entschließung gewahrt bleibe, in den durch die bestehenden Gesetze gezogenen Grenzen die Arbeitszeit sowie entsprechende Löhne in seinem Betriebe zu bemessen und festzustellen.
3. Der Centralverband hält an diesem Verlangen fest, weil auf diesem Wege im Verlauf der Zeiten die frühere lange Arbeitsdauer auf ein den gegenwärtigen wirtschaftlichen und sozialen Verhältnissen entsprechendes Maß zurückgeführt worden ist.
4. In der Ueberzeugung, daß dieser Vorgang sich auch weiter vollziehen wird, erneuert der Centralverband seinen Einspruch gegen jede weitere Einschränkung der Arbeitszeit für Arbeiterinnen durch Gesetz; er hält daher an seinem von der Versammlung der Delegierten am 5. Mai d. J. gefaßten Beschlusse fest.
5. Diese Stellungnahme des Centralverbandes kann dadurch nicht in Frage gestellt werden, daß der Kreis der Arbeitgeber sich erweitert, die aus freier Entschließung zu einer kürzeren als der gegenwärtig zulässigen elfstündigen Beschäftigung der weiblichen Personen, bezw. zu der zehnstündigen Arbeitszeit überhaupt übergehen; denn der Centralverband hat sich in dem vorerwähnten Beschlusse weder für die Beibehaltung der elfstündigen, noch gegen die Einführung einer kürzeren Arbeitszeit ausgesprochen, insofern sie freiwillig von dem Arbeitgeber eingeführt wird.

Kommerzienrat **Wenzel**-Leipzig: Meine Herren, die Frage, die uns hier beschäftigt, ist eine der schwierigsten. Je mehr wir hierüber sprechen, umsomehr neue Gesichtspunkte treten in Erscheinung. Ich habe ja meinen Standpunkt schon vorhin präzisiert, daß ich, soweit es angeht, für die Aufrechterhaltung der jetzigen gesetzlichen elfstündigen Arbeitszeit bin, weil sie jedem einzelnen Arbeitgeber die Möglichkeit gibt, innerhalb dieses Rahmens die Arbeitszeit festzusetzen. Ich muß mich aber fragen, ob es taktisch richtig ist, uns etwas von den Gewerkschaften abringen zu lassen und dadurch eigentlich zum größeren Ruhme dieser Gewerkschaften beizutragen. Ich würde für eine ermäßigtere Fassung Ihres Beschlusses gewesen sein, vor allen Dingen dafür, daß der Centralverband es nicht richtig fände, generaliter für die Aufnahme einer gesetzlichen zehnstündigen Arbeitszeit zu sein, weil die Verhältnisse nicht allein in den einzelnen Industrien, sondern auch in den einzelnen Gegenden ja ganz verschiedene seien. Aber es wird sich fragen, ob der Centralverband recht tut, so apodiktisch bestimmt sich gegen jede Aenderung der gesetzlichen Arbeitszeit auszusprechen. Wir werden zweifellos durch die Gewerkschaften dazu gedrängt werden, und die Gewerkschaften sind in einer viel besseren Position. Wie Herr Kollege Stark bereits gesagt hat: Sie lachen sich über unsere Uneinigkeit ins Fäustchen. Sie nehmen aber auch einen anderen Standpunkt ein. Sie fragen nicht nach dem Wohl des Arbeiters, sondern sie fragen bloß: Dient uns die Maßregel zur Erreichung größerer politischer Macht, und als politische Machtfrage haben sie eben jetzt den Zehnstundentag erwählt. Sie wollen mit diesem Zehnstundentag alle unsere Arbeiter in die Gewerkschaften hineintreiben. Ich habe gerade bei diesen Kämpfen, die ich mit meinen Arbeitern hatte, herausgefunden, daß ich mit der Drohung, die gesamten Leipziger Kammgarnspinnereien würden eine Aussperrung vornehmen, eigentlich die Arbeit für die Gewerkschaft gemacht hätte, denn diese will weiter nichts; sie will durch die Aussperrung die sämtlichen ihr noch nicht angehörenden Arbeiter in die Gewerkschaft getrieben haben; denn diese laufen ihr dann zu, weil sie befürchten müssen, bei der Aussperrung ihren Lohn resp. ihre Unterstützung zu verlieren.

Ich würde dafür sein, daß man sich in der Erklärung des Centralverbandes nicht so präzis ausspricht, sondern daß man sagt: Er erklärt sich nicht für die generelle Einführung des zehnstündigen Arbeitstages, weil die Verschiedenheiten in den einzelnen Industrien und in den einzelnen Gegenden zu große sind. Meine Herren, der Centralverband legt sich sonst für eine Sache fest, und wir Mitglieder des Centralverbandes werden wahrscheinlich später alle gegen seine Resolution und gegen seinen Standpunkt einmal handeln müssen. Durch die Arbeiter und durch die Gewerkschaften werden wir alle gezwungen werden, den Zehnstundentag einzuführen, denn so lange die Konjunkturverhältnisse bei uns so günstig sind wie heute, werden wir einen Streik nicht riskieren wollen.

Ich würde also bitten, daß vielleicht das Direktorium diese Erklärung, die Herr Bueck verlesen hat, in eine etwas weniger harte und weniger bestimmte Form ummodelt.

Generalsekretär **Ditges**-Berlin: Meine Herren, nur eine ganz kurze Erklärung. Der Verein Deutscher Papierfabrikanten gehört auch zu den Vereinen, die sich damals gegen die gesetzliche Einführung des Zehnstundentages erklärt haben. Es ist damals, soweit ich mich entsinne, von sämtlichen befragten Papierfabrikanten nur ein einziger für die Einführung des Zehnstundentages eingetreten. Alle anderen haben sich dagegen ausgesprochen.

Das hindert nicht, daß heute in der Mehrzahl der Papierfabriken der zehnstündige Arbeitstag schon eingeführt ist. Trotzdem will man sich aber nicht zwingen lassen, und namentlich ist es bei uns noch nicht die Angst vor den Gewerkschaften, die uns etwa veranlassen könnte, eine Konzession zu machen, die uns später, besonders in Zeiten schlechter Konjunktur, wieder leid werden könnte.

Deswegen möchte ich namens des Vereins Deutscher Papierfabrikanten erklären, daß wir uns der Resolution, wie sie eben verlesen worden ist, vollständig anschließen und die Annahme derselben empfehlen. (Beifall.)

Porges-Hamburg: Meine Herren, es ist ja wahrscheinlich, daß wir uns dem Standpunkt vom 5. Mai anschließen werden. Aber es ist ebenso wahrscheinlich, daß die Gesetzgebung den Zehnstundentag herbeiführen wird, und unter dieser Voraussetzung möchte ich noch eine wichtige Sache betonen. Es betrifft das die vielen Industrien, die eine sogenannte Saison haben, die genötigt sind, Ueberarbeit, soweit sie gesetzlich zulässig ist, nämlich bis zu 13 Stunden für Frauen, aufrecht zu erhalten, weil eben ihre Arbeitsweise von der Saison, vom Stand der Sonne, kann ich wohl sagen, abhängig ist. Zu diesen Industrien gehören in der Hauptsache das Reinigungsgewerbe, die ganzen Waschanstalten, die chemischen Wäschereien und die Färbereien. Da nun nur 40 Tage im Jahr Ueberarbeit gestattet ist, so wäre, wenn der Zehnstundentag eingeführt werden würde, die erforderliche Ueberarbeit nicht mehr einzuholen. Ich habe das hier im Mai ausgerechnet und es steht im Protokoll.

Einen Antrag zu stellen, wird mir wohl nicht gestattet sein, weil es nicht auf der Tagesordnung steht. Deswegen sei es mir erlaubt, das als Material dem Direktorium zu überweisen, was ich hier in Antragsform gebracht habe:

„Der Centralverband wolle befürwortend beantragen:

Der Hohe Bundesrat geneige, den Gewerbszweigen, in denen sogenannter Saisonbetrieb erforderlich ist, gemäß § 139a der Gewerbeordnung die Ueberarbeit mit Arbeiterinnen über

16 Jahre an mehr als 40 Tagen im Jahre bis zu 13 Stunden täglich an so vielen Tagen prinzipiell zu gestatten, daß die tägliche Dauer der Arbeit im Durchschnitt der Betriebstage des Jahres die regelmäßige gesetzliche Arbeitszeit nicht übersteigt."

Ob die Arbeitsdauer 11 Stunden bleibt oder ob sie 10 Stunden währen soll, sie soll also ohne Einfluß darauf sein, daß man diesen Saisonbetrieben gestattet, sich die Ueberarbeit so einzurichten, daß der Durchschnitt der Arbeitszeit immerhin noch ermöglicht, die Saisonarbeit aufrecht zu erhalten.

Ich bitte um die Erlaubnis, das als Material übergeben zu können.

Vorsitzender: Herr Porges, das läßt sich bei der Begründung ganz gut hineinbringen.

Porges-Hamburg: Ja, ich wollte nur nicht so weit gehen, das als Antrag einzubringen.

Geheimer Kommerzienrat **Vogel**-Chemnitz: Meine Herren, ich hätte den Wunsch, daß in diese Resolution noch ungefähr folgendes eingefügt würde:

„Der Centralverband empfiehlt seinen Mitgliedern durch Verständigung mit ihren Verbänden, soweit es mit ihrer Existenz, speziell ihrer Exportfähigkeit in Einklang zu bringen ist, die elfstündige Arbeitszeit weiter zu reduzieren."

Ich würde glauben, daß dieser Rat oder dieser Passus doch auch die Bereitwilligkeit der Industrie zum Ausdruck bringt, soweit es irgend möglich ist, eine derartige Reduzierung eintreten zu lassen.

Geheimer Kommerzienrat **Schlumberger**-Mülhausen i. E.: Meine Herren, ich bin mit der vorgeschlagenen Resolution vollständig einverstanden. Weil es sich aber im Laufe der heutigen Debatte gezeigt hat, daß nicht nur die Dauer der täglichen Arbeitszeit, sondern auch die Lohnhöhe eine ganz ausschlaggebende Rolle in der Sache spielt, würde ich empfehlen, daß in dem zweiten Absatz, wo es heißt: „die freie Entschließung gewahrt bleibe, in den durch die bestehenden Gesetze gezogenen Grenzen die Arbeitszeit in seinem Betriebe zu bemessen und festzustellen", auch die Lohnhöhe erwähnt, also hinter „Arbeitszeit" eingefügt würde: „sowie entsprechende Löhne".

Meine Herren, den Arbeitern kommt es hauptsächlich darauf an, wie hoch ihre Löhne sind. Es ist ja während der heutigen Besprechung hervorgehoben worden, daß in Augsburg, von wo die Frage, welche wir heute zu behandeln haben, eigentlich herstammt, der Ursprung einzig und allein von der Höhe der Löhne abhängig gemacht worden ist. Also wenn wir andeuten, daß es einem jeden freibleibt, die Löhne seiner Arbeiter so zu bemessen, wie es ihm möglich ist, sie so hoch zu setzen, wie es überhaupt der Geschäftsgang erlaubt, so, glaube ich, werden wir dadurch einen Wink geben, daß die Arbeitgeber, die höhere Löhne gewähren, nicht mehr so direkt der Gefahr so mißlicher Vorkommnisse ausgesetzt sind, wie wir sie heute hier besprechen.

Fabrikbesitzer **Langen**-M.-Gladbach: Meine Herren, ich glaube, das, was eben Herr Geheimrat Vogel vorgeschlagen hat, läßt sich am besten in die Begründung gegen die Einführung des zehnstündigen Arbeitstages einfügen mit dem Hinweise darauf, daß die deutsche Industrie, auch die Textilindustrie, da, wo sie es kann und wo sie dazu in der Lage ist, von selbst zu einer Verkürzung der Arbeitszeit übergegangen ist und die gesetzliche Festlegung mithin nicht nötig ist.

Auch das, was Geheimrat Schlumberger angeführt hat, läßt sich ganz ebensogut in der Begründung anführen wie in der Resolution, die ich Ihnen vorschlagen möchte, so, wie sie vorliegt, anzunehmen.

Vorsitzender: Ich würde auch meinen, daß der Antrag des Herrn Geheimrat Vogel nicht in die Resolution als solche hineingenommen werden kann, da diese Resolution ja doch nur die Grundlage für die Stellungnahme des Centralverbandes gegenüber den Reichsbehörden und dem Reichstage schaffen soll und deshalb nicht zugleich eine Aufforderung an die Mitglieder des Centralverbandes enthalten kann. —

Es folgte eine längere Geschäftsordnungsdebatte, an der sich die Herren Geh. Kommerzienrat Vogel-Chemnitz, Direktor Wenzel-Leipzig, Geh. Finanzrat Jencke-Dresden, Geh. Kommerzienrat Dietel-Coßmannsdorf, Gottlieb Langen-Cöln, Generalsekretär Bueck-Berlin, Kommerzienrat Sartorius-Bielefeld, Kommerzienrat Dierig-Oberlangenbielau, Generalsekretär Ditges-Berlin, Fabrikbesitzer Langen-München-Gladbach, Porges-Hamburg, Regierungsrat Dr. Leidig-Berlin, Syndikus Dietrich-Plauen, Generalsekretär Dr. Tille-St. Johann (Saar) und der Vorsitzende beteiligten.

In der Abstimmung wurde dann die nachfolgende Resolution mit allen gegen zwei Stimmen angenommen:

1. Der Centralverband spricht sich mit Entschiedenheit gegen jede weitere Verkürzung der gegenwärtig zulässigen Arbeitszeit der Arbeiterinnen durch Gesetz aus, in voller Uebereinstimmung mit allen seinen Mitgliedern, insbesondere mit den Vertretern der Industrien, welche weibliche Personen in großem Umfange beschäftigen.

2. Der Centralverband verlangt, daß dem Arbeitgeber im Hinblick auf die Erhaltung seiner Wettbewerbsfähigkeit, auf die wechselnde Geschäftslage und auf die Eigenart seines Betriebes nach wie vor die freie Entschließung gewahrt bleibe, in den durch die bestehenden Gesetze gezogenen Grenzen die Arbeitszeit, sowie entsprechende Löhne in seinem Betriebe zu bemessen und festzustellen.

3. Der Centralverband hält an diesem Verlangen fest, weil auf diesem Wege im Verlauf der Zeiten die frühere lange Arbeitsdauer auf ein den gegenwärtigen wirtschaftlichen und sozialen Verhältnissen entsprechendes Maß zurückgeführt worden ist.

4. In der Ueberzeugung, daß dieser Vorgang sich auch weiter vollziehen wird, erneuert der Centralverband seinen Einspruch gegen jede weitere Einschränkung der Arbeitszeit für Arbeiterinnen durch Gesetz; er hält daher an seinem von der Versammlung der Delegierten am 5. Mai d. J. gefaßten Beschlusse fest.

5. Diese Stellungnahme des Centralverbandes kann dadurch nicht in Frage gestellt werden, daß der Kreis der Arbeitgeber sich erweitert, die aus freier Entschließung zu einer kürzeren, als der gegenwärtig zulässigen elfstündigen Beschäftigung der weiblichen Personen, bezw. zu der zehnstündigen Arbeitszeit überhaupt übergehen; denn der Centralverband hat sich in dem vorerwähnten Beschlusse weder für die Beibehaltung der elfstündigen, noch gegen die Einführung einer kürzeren Arbeitszeit ausgesprochen, insofern sie freiwillig von dem Arbeitgeber eingeführt wird.

II.

Rundschreiben und Eingaben

des

Centralverbandes Deutscher Industrieller aus dem Jahre 1905.

A.

Rundschreiben.*)

Wir veröffentlichen wiederum eine Anzahl unserer Rundschreiben, die auch über den Zeitpunkt ihres Anlasses hinaus von gewissem Interesse sein dürften.

1.

Berlin W., den 2. Februar 1905.

Betrifft: Errichtung eines Friedrich-List-Denkmals in Kufstein.

Der Centralverband Deutscher Industrieller hat in der Direktorialsitzung vom 7. Juni 1904 beschlossen, der Anregung des Komitees zur Errichtung eines List-Denkmals in Kufstein, wo List am 30. November 1846 in den Tod ging, zu folgen und seine sämtlichen Mitglieder aufzufordern, sich an den Kosten dieses Denkmals zu beteiligen. Der Voranschlag ist auf 50 000 M. für die Ausführung in kararischem Marmor aufgestellt.

Wir richten daher die Bitte an Sie, eingedenk der sehr großen Bedeutung, die Friedrich List für die wirtschaftliche Entwickelung unseres Vaterlandes gehabt hat, sich mit Beiträgen zu beteiligen, damit ein der geistigen Größe List's würdiges Denkmal der Nachwelt sein Wirken für uns zugleich mit unserer Dankbarkeit für die Verdienste dieses großen Deutschen künde.

Wie der einzelne, so ehrt sich die Nation durch die über das Grab hinaus dauernde edle Pflicht der Dankbarkeit.

---

*) Vergl. Heft 95, 99.

Deutschen Industriellen gegenüber erübrigt es sich, im einzelnen darzulegen, was List für das deutsche Vaterland getan hat; nur wenige Hauptzüge mögen hier angeführt werden.

Er war es, der als Einziger und Erster in dem damals so trostlosen Zustand des zerrissenen deutschen Vaterlandes erkannte, daß die deutsche Industrie zu eigenem Leben nur erwachen könne, falls die, jede industrielle Entwickelung im Keime erstickenden kleinstaatlichen inneren Zollschranken fielen; dagegen verlangte er eine starke Zollgrenze gegen das Ausland zum Schutze des sich emporringenden deutschen Erwerblebens in seiner Periode der ersten Entwickelung. Dem Genie Friedrich List's verdankt der jetzt allgemein anerkannte Gedanke des „geschlossenen Wirtschaftsstaates" sein Entstehen und das in einer Zeit, wo die Kleinstaaterei der mächtigen Industrie des Auslandes gegenüber machtlos war.

Durch die im Jahre 1819 erfolgte Begründung des „Deutschen Handels- und Gewerbevereins" hat sich List unsterbliche Verdienste erworben; denn dieser Verein war der Vorläufer des deutschen Zollvereins, welcher die materielle Zusammenfassung der später im Norddeutschen Bunde und im neuen Deutschen Reiche geeinigten politischen Kräfte war.

Friedrich List war es, der in den dreißiger Jahren auf die unermeßliche Bedeutung, die der Eisenbahnbau für Deutschlands Wirtschaftsleben zeitigen würde, hinwies, und der den Bau der ersten Eisenbahnen in Deutschland veranlaßte.

Die Tendenzen der deutschen Wirtschaftspolitik, in die Bismarck 1879 einlenkte, und die seitdem zu dem von allen Nationen bewunderten wirtschaftlichen Aufschwung Deutschlands geführt haben, sind die Produkte Friedrich List'scher Weltanschauung.

Er ist der Vater des zur Wahrung nationaler Arbeit in sich abgeschlossenen Wirtschaftsgebietes.

Schon gleich nach Gründung des preußischen Zollvereins erkannte das Genie von Friedrich List, was Deutschland not tut: die Schaffung einer deutschen Handelsflagge, die Grundlegung einer Kriegsflotte unter Preußens Führung und der Erwerb deutscher Kolonien.

Wie erhaben dieser geniale Geist über seiner Zeit stand, mögen wir aus den Worten erkennen, die er 1843! in seinem Zollvereinsblatt schrieb:

„Die See ist die Hochstraße des Erdballs. Die See ist der Paradeplatz der Nationen. Die See ist der Tummelplatz der Kraft und des Unternehmungsgeistes für alle Völker der Erde und die Wiege ihrer Freiheit. Die See ist die fette Gemeindetrift, auf welche alle wirtschaftlichen Nationen ihre Herden zur Mastung treiben. Wer an der See keinen Teil hat, der ist ausgeschlossen von den guten Dingen und Ehren der Welt — der ist unseres lieben Herrgotts Stiefkind."

Wie Bismarck dem deutschen Vaterlande die politische Einigkeit und Größe geschaffen hat, so gebührt Friedrich List der unsterbliche Ruhm, Deutschlands wirtschaftliche Einigung und Größe vorbereitet zu haben.

Dies soll das Denkmal zu Kufstein der Nachwelt verkünden.

Wir bitten unsere Mitglieder, ihre Beiträge unter der Bezeichnung: „Für den Centralverband Deutscher Industrieller, Beitrag zum List-Denkmal", an die Direktion der Diskontogesellschaft in Berlin, Unter den Linden Nr. 35, zu senden und unserer Geschäftsführung in Berlin, Am Karlsbad 4a, freundlichst von der Sendung und der Höhe des Beitrages Kenntnis zu geben.

2.

Berlin, den 16. Februar 1905.

Betrifft: Die Handelsverträge.

Die Verhandlungen über die Neugestaltung der handelspolitischen Beziehungen Deutschlands zu denjenigen Staaten, mit denen das Deutsche Reich Tarifverträge abgeschlossen hat, sind nunmehr zum Abschluß gekommen; am 1. Februar haben die verbündeten Regierungen dem Reichstage die neuen Handelsverträge mit Belgien, Italien, Oesterreich-Ungarn, Rumänien, Rußland, der Schweiz und Serbien zur verfassungsmäßigen Zustimmung vorgelegt.

Bereits während der Verhandlungen haben wir wiederholt in den Versammlungen des Ausschusses und der Delegierten des Centralverbandes Deutscher Industrieller der Befürchtung Ausdruck gegeben, daß die neuen Handelsverträge der deutschen Industrie für ihren Absatz im Auslande wesentliche Erschwerungen bringen werden. Wir haben auch schon bei den Verhandlungen über den neuen Zolltarif vor nunmehr zwei Jahren und seitdem immer wieder unsere Ueberzeugung dahin ausgesprochen, daß bei den vielfach von vornherein zu niedrig angesetzten deutschen Zöllen es in vielen Fällen nicht gelingen werde, der deutschen Industrie in den Verhandlungen mit den Vertragsstaaten einen ausreichenden Schutz gegenüber dem günstiger arbeitenden ausländischen Wettbewerbe zu sichern.

Unsere Befürchtungen sind leider nach beiden Richtungen hin zur Wahrheit geworden.

Die handelspolitische Situation gestattet aber nur eine Annahme oder Ablehnung der dem Reichstage vorgelegten Handelsverträge. Zu irgend welchen Aenderungen in den Verträgen ist der Reichstag nach feststehender staatsrechtlicher Praxis, die noch neuerdings von dem Staatssekretär, Grafen von Posadowsky, namens der verbündeten Regierungen wieder bestätigt worden ist, nicht befugt.

Eine Ablehnung der Verträge würde ein handelspolitisches Chaos, den Zollkrieg Deutschlands mit allen Nachbarstaaten, die schwerste Schädigung der deutschen Ausfuhrindustrie herbeiführen. So bleibt nur die Zustimmung zu den Verträgen übrig, in der Hoffnung, daß es der deutschen Industrie gelingen werde, auch unter den neuen schwierigen Verhältnissen ihre Stellung auf dem Weltmarkt zu erhalten und zu festigen. Andererseits liegt für die im Centralverbande Deutscher Industrieller vereinigten Industrien kein Anlaß vor, eine besondere Kundgebung zu Gunsten dieser Verträge zu veranstalten.

Aus diesen Gründen hat das Direktorium des Centralverbandes Deutscher Industrieller beschlossen, von der Einberufung einer Delegierten-Versammlung, zwecks Stellungnahme zu den Handelsverträgen, Abstand zu nehmen. Der Reichsregierung und den politischen Parteien des Reichstags muß die volle Verantwortung für die Gestaltung der industriellen Tätigkeit Deutschlands unter der Herrschaft der neuen Verträge allein überlassen bleiben.

3.

Berlin, den 5. April 1905.

Die Reichstagsabgeordneten Gröber und Trimborn haben am 1. März 1905, mit Unterstützung einer Anzahl Zentrumsabgeordneter, die folgende Resolution im Reichstag eingebracht:

> „die verbündeten Regierungen zu ersuchen, dem Reichstag einen Gesetzentwurf vorzulegen, welcher gegen die aktive und passive Bestechung der in Privatunternehmungen angestellten Personen einschreitet".

Wir halten es für erwünscht, zunächst festzustellen, ob und inwieweit tatsächlich Mißstände der in dieser Resolution angedeuteten Art in weiteren Kreisen der deutschen Industrie bestehen, und ob deshalb überhaupt ein Bedürfnis nach einem derartigen Gesetze vorhanden ist, und wir ersuchen daher unsere geehrten Mitglieder ergebenst, sich gefälligst zu dieser Angelegenheit äußern zu wollen. Ihre gefällige Aeußerung bitten wir, uns bis zum 1. Juni zugehen lassen zu wollen.

4.

Berlin W., den 8. April 1905.

Betrifft: Die Handelsbeziehungen zwischen Deutschland und den Vereinigten Staaten von Nordamerika.

Durch Kaiserliche Verordnung vom 27. Februar 1905 ist angeordnet worden, daß der deutsche Zolltarif vom 25. Dezember 1902 am 1. März 1906 in Kraft treten soll. Gleichzeitig sind die Handelsverträge mit Oesterreich-Ungarn, Belgien, Italien, der Schweiz, Rumänien und Serbien zu diesem Zeitpunkte deutscherseits aufgekündigt worden, nachdem die mit diesen Staaten vereinbarten Zusatzverträge und neuen Vertragstarife die verfassungsmäßige Genehmigung des Bundesrats und des Reichstags gefunden haben. Mit Rußland ist ein neuer Handelsvertrag bereits endgültig vereinbart und von beiden Seiten ratifiziert worden. Der neue deutsch-russische Handelsvertrag, der in dem Reichsgesetzblatt vom 1. März veröffentlicht worden ist, tritt am 1. März 1906 in Kraft.

Diese Vorgänge machen eine Neuordnung unserer handelspolitischen Beziehungen zu den Vereinigten Staaten von Amerika notwendig. Das handelspolitische Verhältnis zwischen Deutschland und den Vereinigten Staaten beruht vornehmlich auf dem zwischen Preußen und den Vereinigten Staaten abgeschlossenen Handelsvertrage vom 1. Mai 1828, dessen Bedeutung aber zwischen Deutschland und Amerika nach verschiedenen Richtungen streitig ist, und auf dem deutsch-amerikanischen Handelsabkommen vom 10. Juli 1900. Das Abkommen gewährt den Vereinigten Staaten, gegen die Zusicherung der von ihnen an Frankreich gegebenen besonderen Zollermäßigungen auch an Deutschland, Anspruch auf die Zulassung der amerikanischen Waren in Deutschland zu den Zollsätzen, die durch die in den Jahren 1891—1894 von Deutschland mit Belgien und den übrigen sechs Vertragsstaaten abgeschlossenen Handelsverträge diesen Staaten zugestanden worden sind.

Die danach von den Vereinigten Staaten an Deutschland gewährten Zollermäßigungen beziehen sich auf rohen Weinstein und rohe Weinhefe, Branntwein oder andere aus Getreide oder anderen Materialien hergestellte oder destillierte Spirituosen, nicht schäumende Weine und Wermut, sowie auf Gemälde in Oel- oder Wasserfarben, Pastellmalereien, Feder- und Tintenzeichnungen und Bildhauerarbeiten.

Da die vorerwähnten Handelsverträge zum 1. März 1906 ihre Wirksamkeit verlieren, so muß auch das Abkommen mit Amerika vom 10. Juli 1900 an diesem Tage aufhören, wirksam zu sein. Sollte es nicht gelingen, ein neues Abkommen mit den Vereinigten Staaten bis zu diesem Tage abzuschließen, so würden die Beziehungen zwischen Deutschland und den Vereinigten Staaten lediglich nach dem, wie bereits erwähnt, in seiner Tragweite ungewissen Handelsvertrag vom 1. Mai 1828 zu beurteilen sein. Wir halten es zur Zeit noch nicht für zweckmäßig, in eine öffentliche Erörterung der Grundsätze einzutreten, auf deren Beachtung bei der Neuordnung der deutsch-amerikanischen handelspolitischen Beziehungen von der deutschen Industrie hingewirkt werden muß; wir richten aber an alle unsere Mitglieder die dringende Bitte, uns möglichst bald umfassendes und mit Tatsachen belegtes Material über ihre Wünsche und Beschwerden hinsichtlich der Zoll- und Einfuhrverhältnisse in den Vereinigten Staaten zu übermitteln. Wir werden dies Material selbstverständlich mit derselben sorgfältigen Diskretion behandeln, wie wir dies mit dem uns zu den Vorbereitungen für die nunmehr abgeschlossenen Handelsverträge mitgeteilten Material anerkanntermaßen getan haben.

Wir machen, wie dies auch bereits bei früheren Gelegenheiten geschehen ist, darauf aufmerksam, daß wir die uns obliegenden Pflichten nur erfüllen können, wenn uns die erforderliche Unterstützung seitens unserer Mitglieder zu teil wird. Wir dürfen wohl hoffen, daß uns in der vorliegenden, so bedeutungsvollen Frage die erbetenen Mitteilungen mit tunlichster Ausführlichkeit zugehen werden.

5.

Berlin, den 16. Mai 1905.

Betrifft: Handelsberichte über Süd-Brasilien.

Auf Veranlassung des Direktoriums des Centralverbandes Deutscher Industrieller hat der in unserer Geschäftsführung beschäftigte Gerichtsassessor, Herr Ramelow, im Sommer und Herbst 1904 eine Studienreise nach Süd-Brasilien, insbesondere den Staaten Rio Grande do Sul und Sao Paulo unternommen. Seine Erfahrungen werden wir in einer Reihe von Berichten, die auch mit Abbildungen versehen sind, unseren Mitgliedern zugänglich machen.

Heft I dieser Berichte, das über „Wirtschaftliche Zustände und Aussichten in Brasilien; Rio de Janeiro, Santos und Sao Paulo; Die Kaffee-Erzeugung und -Ausfuhr; Die Seeverbindungen zwischen Europa und Brasilien; Eisenbahnen und Elektrizitätswerke im Staate Sao Paulo" handelt, ist soeben erschienen und von uns zum Preise von 0,80 Mark, unseren Selbstkosten, portofrei zu beziehen.

Wir bitten ergebenst, uns die gewünschten Exemplare möglichst bald aufgeben zu wollen.

6.

Berlin, den 16. Mai 1905.

Betrifft: Die Vertraulichen Berichte über Südafrika.

Von den Vertraulichen Berichten über Südafrika erscheint in den nächsten Tagen Heft 3 der Abteilung II: Eisenkonstruktionen und Wellblechbauten; Stahlrahmengebäude in Johannesburg; Eisenkonstruktionen für die Mineindustrie.

Wir bitten, uns die Bestellung auf dieses Heft, das unentgeltlich abgegeben wird, möglichst bald zugehen zu lassen. Von den bisher erschienenen Heften:

I. Allgemeine Mitteilungen, Heft 1: Die Lage des südafrikanischen Geschäftes, insbesondere in Kapstadt.
I. „ „ „ 2: Ueberblick über die wirtschaftliche Entwicklung Südafrikas. Der Verkehr in Südafrika. Das südafrikanische Zollwesen.
I. „ „ „ 3: Der fremde Handel in Südafrika.
I. „ „ „ 4: Die Organisation des Handels in Südafrika. Die südafrikanischen Banken. Versicherungsgesellschaften. Oeffentliche Institutionen zur Unterstützung des Handels.
I. „ „ „ 5: Winke für den Handel mit den Kapkolonien, Natal und der Oranjekolonie, mit Transvaal, Rhodesia und den portugiesischen Häfen Südafrikas.
I. „ „ „ 6: Preise und Arbeitslöhne in Kapland, Natal und Laurenzo-Marques. Nachträge zu Heft 1—5.
II. Eisenkonstruktionen und Wellblechbauten, Heft 1.
II. „ „ „ in der Kapkolonie, Natal und Laurenzo-Marques (mit Abbildungen), Heft 2.
III. Hafenanlagen und Hafeneinrichtungen, Heft 1: Die Kapkolonie.
III. „ „ „ (mit Abbildungen und Plänen), Heft 2.

IV. Eisenbahnbauten, Eisenbahnbrücken und Bahnmaterial, Heft 1.
V. Kühlhäuser und Kühlmaschinen.
VI. Elektrizitätswerke, elektrische Bahnen (mit Abbildungen).
VII. Gasanstalten und Wasserwerke. Eiserne Rohre.
VIII. Bauweise und Bautätigkeit. Entwässerung der Städte; städtische Straßen. Heft 1: Kapkolonie und Natal (mit Abbildungen).
IX. Johannesburg. Heft 1: Allgemeines, Bauweise und Bautätigkeit, Baupolizei, Preise und Arbeitslöhne, Wasserversorgung und Kanalisation (mit Abbildungen und Plänen),

ist noch ein kleiner Restbestand abzugeben. Die Hefte sind nur für die Mitglieder des Centralverbandes Deutscher Industrieller bestimmt.

7.

Berlin, den 7. Juni 1905.

Exemplare des Heftes:

„Winke für Handel und Industrie im Verkehr mit Australasien"

können gegen Erstattung von 0,70 M., soweit der Vorrat reicht, portofrei durch uns bezogen werden.

8.

Berlin, den 14. Juli 1905.

Wir gestatten uns, den geehrten Mitgliedern eine Aufforderung des Deutschen Haftpflicht- und Versicherungs-Schutzverbandes zum Beitritt ergebenst zu übersenden. Der Deutsche Haftpflicht- und Versicherungs-Schutzverband, der zu den Mitgliedern des Centralverbandes Deutscher Industrieller gehört, hat es sich zur Aufgabe gemacht, unter Anerkennung der berechtigten Interessen der Versicherungsgesellschaften, bei diesen die Interessen der Versicherten in sachkundiger und sachlicher Weise zu vertreten. Der Verband hat auf diesem Wege auch bereits bedeutsame Erfolge für die von ihm vertretenen Kreise erreicht.

Wir können daher unsern Mitgliedern die Förderung des Deutschen Haftpflicht- und Versicherungs-Schutzverbandes durch Beitritt zu ihm angelegentlichst empfehlen.

9.

Berlin, den 4. August 1905.

Betrifft: Den Entwurf des Statistischen Warenverzeichnisses.

Wie wir annehmen dürfen ist den geehrten Vereinen von dem Kaiserlich Statistischen Amt der Entwurf des dortselbst ausgearbeiteten neuen Statistischen Waren-Verzeichnisses inzwischen zugegangen. Sollte dies nicht der Fall sein, so ist der Herr Präsident des Kaiserlich Statistischen Amtes bereit, soweit der Vorrat noch reicht, den wirtschaftlichen Körperschaften auf ihren Wunsch ein Stück des Entwurfs zugänglich zu machen. Auf kurze Zeit können auch wir den Entwurf leihweise abgeben. Wir bitten uns etwaige Wünsche und Anträge zu diesem Entwurfe gefälligst bis zum 20. August mitteilen zu wollen. Wir gestatten uns dabei, darauf aufmerksam zu machen, daß unserem Antrage, die in den bisherigen Handelsverträgen aus den einzelnen Zoll-Positionen herausgehobenen einzelnen Waren, die zum Gegenstand des Handelsvertrages gemacht worden sind, auch als besondere Positionen in dem Statistischen Warenverzeichnis aufzuführen, nicht in allen Fällen entsprochen worden ist. Es dürfte zunächst der Erwägung der einzelnen wirtschaftlichen Körperschaften unterliegen, ob sie für die von ihnen vertretenen Industrien noch eine weitere Spezialisierung der einzelnen statistischen Nummern für notwendig erachten. Grundsätzlich möchten wir es für sehr wünschenswert halten, daß alle Waren, die zum Gegenstande besonderer Abmachungen in den Handelsverträgen gemacht worden sind, auch statistisch besonders erfaßt werden, da auf diese Weise am besten ein Einblick in die wirtschaftlichen Ergebnisse der Handelsverträge gewonnen werden kann.

10.

Berlin, den 2. September 1905.

Zu den von der Vereinigung der in Deutschland arbeitenden Privat-Feuer-Versicherungsgesellschaften herausgegebenen Tarifen sind folgende Nachträge erschienen:

Minimaltarif für industrielle Risiken:

a) Allgemeine Bestimmungen, gültig vom 15. Dezember 1902, Nachtrag Nr. VII.
b) Tarif Nr. 1 für Textilindustrie, gültig vom 1. August 1904, Nachtrag Nr. II.
c) Tarif Nr. 4 für Tabakindustrie, gültig vom 1. Februar 1903, Nachtrag Nr. III.
d) Tarif Nr. 5 für Lederindustrie, gültig vom 1. Februar 1903, Nachtrag Nr. II.
e) Tarif Nr. 6 für Tonwaren- und Cementfabriken, gültig vom 1. Februar 1903, Nachtrag Nr. I.

Unseren Mitgliedern stehen die sie interessierenden Nachträge, soweit der Vorrat reicht, zur Verfügung.

11.

Berlin, den 8. September 1905.

Betrifft: Handelsberichte über Süd-Brasilien.

Unter Bezugnahme auf unser Rundschreiben Nr. 8 vom 16. Mai d. J. teilen wir unsern geehrten Mitgliedern ergebenst mit, daß nunmehr folgende weitere Hefte erschienen sind:

Heft II. Die Handelsbilanz Brasiliens; Sao Paulo (Fortsetzung). Die Entwickelung der nationalen Industrien: Textil- und Zuckerindustrie, Brauereigewerbe, Glas-, Flaschen- und Zündholzfabrikation, Eisenindustrie; einige besonders wichtige Importartikel: Landwirtschaftliche Maschinen und Geräte, Goldwaren und Bijouterien. Kleinere Dampfmaschinen aller Art, Eisenwaren, Chemikalien, Spielwaren, Zement; Die Filiale der „Brasilianischen Bank für Deutschland".

Heft III. Staat Rio Grande do Sul; Geologischer Aufbau des Landes; Die Bevölkerung und die innerpolitischen Zustände; Die Staatsverfassung und die Staatsfinanzen; Wirtschaftliche Zustände und Aussichten; Der Hafen von Rio Grande do Sul; Die Handelsbilanz des Jahres 1903: A. Die Ausfuhr: Ausfuhrländer und Ausfuhrartikel; B. Die Importverhältnisse: Die Einfuhrwerte des Jahres 1903 und die Beteiligung der Ursprungsländer der Waren an der Importstatistik; Stellung des Deutschtums im Großhandel von Rio Grande do Sul; Die Zollverhältnisse und -Schikanen; Der Geschmack des Abnehmers in Rio Grande do Sul; Die Seeverbindungen zwischen Europa und Rio Grande do Sul.

Heft IV. Staat Rio Grande do Sul (Fortsetzung); Porto Alegre: Seine wirtschaftliche Bedeutung als Umschlagsplatz für das Hinterland; Die Stellung des Deutschtums dortselbst; Die direkte Ein- und Ausfuhr über den Hafen von Porto Alegre; Wie vollzieht sich der Handel in Porto Alegre? A. Das Detailgeschäft. B. Der Handel nach dem Hinterlande (Musterreiter), die Transportverhältnisse. Die Entwickelung der nationalen Industrien; einige größere schwebende Projekte. Kanalisationsanlagen, elektrische Kraftstation, Kai-Anlagen; die Filiale der „Brasilianischen Bank für Deutschland" und die übrigen Banken; Die Bodenschätze des Landes: Die Mineralien, der Holzreichtum und die nationale Kohle; Die Landwirtschaft des Staates: Campzone, Kolonien; Die kulturellen Verhältnisse.

Diese Hefte mit Illustrationen sind von uns zum Preise von je 1,— M., unsere Selbstkosten, portofrei zu beziehen. Heft I steht, soweit der Vorrat reicht, noch zum Preise von 0,80 M. zur Verfügung.

Wir bitten ergebenst, uns die gewünschten Exemplare möglichst bald aufgeben zu wollen.

12.

Berlin, den 14. September 1905.

Gemäß einem Beschluß unseres Direktoriums lassen wir Ihnen in besonderem Paket den zweiten und dritten Band des von dem Geschäftsführer des Centralverbandes verfaßten Werkes „Der Centralverband Deutscher Industrieller 1876—1901" zugehen. Um die außerordentlich hohen Herstellungskosten, die den Etat des Centralverbandes für Drucksachen bei weitem überschreiten, wenigstens zu einem Teile zu decken, hat das Direktorium in seiner am 29. August abgehaltenen Sitzung beschlossen, die beiden vorliegenden Bände mit dem Preise von 10 M. zu berechnen. Sie werden gebeten, sich zur Berichtigung dieses Beitrages der anliegenden Postanweisung zu bedienen. Im Buchhandel ist der Preis für jeden einzelnen Band auf 15 M. festgesetzt. Weitere Exemplare des zweiten und dritten Bandes stehen Ihnen zum Preise von 10 M. zur Verfügung. Es wird dabei vorausgesetzt, daß die geehrten dem Centralverbande angehörenden Vereine so viel Exemplare des zweiten und dritten Bandes bestellen werden, als sie Exemplare des ersten Bandes bezogen haben. Es können jedoch Exemplare in beliebiger Zahl für die Mitglieder bestellt werden.

Wir bitten uns Ihre Bestellungen gefälligst möglichst bald zugehen zu lassen. Ebenso kann der erste Band zum Preise von 3 M. jederzeit denjenigen Mitgliedern, die bei dessen Ausgabe dem Centralverband noch nicht angehört haben, nachgeliefert werden.

Der erste Band, der 1902 erschienen ist, enthält die Chronik des Centralverbandes und seine Betätigung auf dem Gebiete der Handelspolitik, die jetzt erschienenen beiden Bände stellen die Arbeit des Centralverbandes auf dem Gebiete der Sozialpolitik dar; der zweite Band umfaßt die Arbeiterversicherung, der dritte Band den Arbeiterschutz und die sonstigen das Arbeitsverhältnis betreffenden Vorgänge.

13.

Berlin, den 12. Oktober 1905.

Aus den Kreisen der Privatschiffer ist darüber Klage geführt worden, daß sie für ein Mindergewicht oder ein Mindermaß der verfrachteten Güter von Seiten der Empfänger oder Verlader von Waren in Anspruch genommen werden, obgleich nach ihrer Behauptung erfahrungsgemäß bei vielen Waren durch die Natur der Ware oder durch Witterungseinflüsse, ohne ihr Verschulden, eine Gewichts- oder Maßminderung während der Fahrt eintrete. Die Frachtschiffer wünschen deshalb, daß von den Behörden, auf Grund der in § 60 Abs. 1 des Binnenschiffahrtsgesetzes vom 16. Juni 1895 erteilten Ermächtigung eine Verordnung erlassen werde, wonach der Frachtführer, also der Schiffer, bei gewissen Gütern für ein Mindergewicht oder Mindermaß, das $1/2$ vom Hundert nicht übersteigt, nicht verantwortlich gemacht werden soll, sofern ihn nicht ein nachweisbares Verschulden treffe. Wir halten diese Vorschrift als nicht im Interesse der Industrie liegend, zumal schon jetzt die Möglichkeit gegeben ist, derartige Klauseln vertragsmäßig festzusetzen. Wir bitten aber, sich zur Sache äußern zu wollen.

14.

Berlin, den 27. Oktober 1905.

Aus den Kreisen unserer Mitglieder werden wir darauf aufmerksam gemacht, daß in letzter Zeit mehrfach in Lieferungsverträgen, namentlich auch in den von Behörden abgeschlossenen Verträgen, sich die folgende Klausel findet:

> „Den in meinem Betriebe angestellten Arbeitern ist ein Lohnsatz gewährt, der es ihnen ermöglicht, einen Tagesverdienst zu erreichen, der nicht hinter dem ortsüblichen Durchschnittstagelohn für die in Betracht kommende Arbeitsart zurückbleibt.
>
> Ich erkenne ausdrücklich an, daß die Abgabe dieser Erklärung die Voraussetzung für meine Zulassung zum Verdingungstermin, bezw. zur Lieferung bildet. —
>
> Der Unternehmer."

Wir ersuchen ergebenst um gefällige Auskunft, ob auch Ihnen diese Klausel in Verträgen auferlegt worden ist und wie Sie sich zu dieser Klausel stellen. Wir gestatten uns dabei, darauf aufmerksam zu machen, daß bei der Beurteilung der Zulässigkeit dieser Klausel vielleicht eine Verschiedenartigkeit des Urteils sich ergeben wird, je nachdem es sich darum handelt, diese Klausel in die Verdingungsbedingungen von Submissionen und Lizitationen aufzunehmen, wo sie ein gewisser Schutz gegen Konkurrenten sein kann, die ein zu billiges Angebot auf Grund eines Lohndruckes stellen, oder ob sich diese Klausel in Verträgen findet, die ohne öffentliche Ausschreibung oder nur auf Grund beschränkter Ausschreibung unter angesehenen und soliden Firmen abgeschlossen werden.

Wir gestatten uns endlich auch darauf hinzuweisen, daß die Einfügung dieser Klausel eine alte Forderung der gewerkschaftlichen Organisationen bildet.

15.

Berlin, den 16. November 1905.

Bei der Geschäftsführung des Centralverbandes waren in den letzten Tagen Klagen über die ungenügende Gestellung von Güterwagen seitens der Preußischen Staatseisenbahnverwaltung und über die damit dem Erwerbsleben bereiteten schweren Schädigungen eingegangen. Dabei war auch behauptet worden, daß der Westen unter der Bevorzugung zu leiden habe, die den Industrien in Oberschlesien bei der Wagengestellung zuteil werde. An den Centralverband war die Aufforderung gerichtet worden, wenn irgend tunlich, für Abhilfe zu sorgen.

Obgleich ich von der Ueberzeugung geleitet war, daß der Königl. Preußischen Staatseisenbahnverwaltung die durch den herrschenden Wagenmangel hervorgerufenen schweren Mißstände nicht unbekannt geblieben sind, und daß sie tut, was nach Maßgabe der bestehenden Verhältnisse möglich ist, um Abhilfe zu schaffen, so habe ich doch Veranlassung genommen, an maßgebender Stelle die Beschwerden unserer Mitglieder zum Vortrag zu bringen. Dabei sind die Ursachen des Wagenmangels, das, was zur Abhilfe geschehen ist und geschehen kann, und die voraussichtliche Gestaltung der Verhältnisse in der nächsten Zeit eingehend erörtert worden.

Zunächst stellte die Staatseisenbahnverwaltung die Bevorzugung irgend eines Gebietes bei der Wagengestellung entschieden in Abrede. Es seien im Gegenteil an die betreffenden Stellen strenge Anweisungen ergangen, bei der Verteilung der Wagen nach den bestehenden Vorschriften zu verfahren und eine ungleiche Behandlung in jedem Falle zu vermeiden.

Als nächstliegende Ursache des bedauerlichen Wagenmangels wird allgemein die ungenügende Zahl der überhaupt zur Verfügung stehenden Lokomotiven und Güterwagen betrachtet. Der Staatseisenbahnverwaltung wird der Vorwurf gemacht, nicht rechtzeitig durch ausreichende Mehrbeschaffung von rollendem Material Fürsorge getroffen zu haben. Ein Urteil darüber, inwieweit dieser Vorwurf begründet ist oder nicht, wird sich an der Hand der folgenden Zahlen bilden lassen.

Für die Beschaffung von Betriebsmitteln sind etatsmäßig verausgabt worden in den Jahren:

1895	52,9	Millionen	Mark
1896	76,4	"	"
1897	74,8	"	"
1898	102,4	"	"
1899	94,9	"	"
1900	101,5	"	"
1901	102,9	"	"
1902	99,7	"	"
1903	98,5	"	"
1904	139,9	"	"
1905	146,1	"	"

Bei Betrachtung dieser Zahlen ist zu berücksichtigen, daß im Jahre 1900 der Höhepunkt der Aufwärtsbewegung in unserem Wirtschaftsleben erreicht war, die sich in den neunziger Jahren vollzogen hatte. Im Jahre 1901 war der empfindliche Rückgang eingetreten, der erst gegen Ende des Jahres 1903 und im Laufe des Jahres 1904 einer wesentlichen Besserung und Belebung des geschäftlichen Verkehrs zu weichen begann. Beiläufig sei hier auch bemerkt, daß im Jahre 1902 der Wechsel in der Besetzung des Ministeriums der öffentlichen Arbeiten eingetreten war.

Die vorstehenden Zahlen ergeben, daß mit dem erneuten Aufschwung und dem damit verbundenen wesentlich gesteigerten Verkehr auch erheblich größere Aufwendungen für die Beschaffung von Betriebsmitteln stattgefunden haben. Die Staatseisenbahnverwaltung hatte geglaubt, mit diesen erheblichen Mehrbeschaffungen dem in gewöhnlichen Verhältnissen steigenden Verkehr genügen zu können. Es war ihr in der Tat gelungen, im September des laufenden Jahres an bedeckten Güterwagen 5,14 pCt. und an offenen Wagen 10,05 pCt. und im Oktober 4,66 pCt. bezw. 8,76 pCt. mehr als in den betreffenden Monaten des Jahres 1904 zu stellen.

Im Laufe des Sommers dieses Jahres sei aber eine Flutwelle gesteigerten Verkehrs eingetreten, die von der Staatseisenbahnverwaltung ebensowenig habe vorhergesehen werden können, wie sie wohl auch von der Industrie nicht vorhergesehen worden sei. Diese außerordentliche Verkehrssteigerung habe die Staatseisenbahnverwaltung zwar veranlaßt, außeretatsmäßig rund 10 weitere Millionen Mark für die Beschaffung von Betriebsmitteln aufzuwenden; dennoch sei der außergewöhnliche Aufschwung des Verkehrs als eine der wesentlichsten Ursachen des in diesem Herbst so empfindlich aufgetretenen

Wagenmangels zu betrachten. Ein tatsächlicher Mangel sei jedoch nur bezüglich der Güterwagen zu verzeichnen gewesen; der Bestand an Lokomotiven habe sich vorläufig als vollkommen ausreichend erwiesen.

Es ist bekannt, daß die Gestellung der Güterwagen für die Industrie in jedem Herbste durch die Bewegung der Rüben- und Kartoffelernte ungünstig beeinflußt wird. Da die Beförderung der Kartoffeln ausschließlich in bedeckten Wagen erfolgt, so kommt für die Beeinträchtigung der Beförderung von Rohmaterialien und gröberen Erzeugnissen der Großindustrie hauptsächlich die, lediglich offene Güterwagen beanspruchende Rübenernte in Betracht.

Ein weiterer Grund für den in diesem Herbst leider so schwer fühlbaren Wagenmangel bildet der ganz außergewöhnlich große Ertrag der Rübenernte. Bis jetzt hat sich herausgestellt, daß der Versand von Rüben gegen das Vorjahr um 51 pCt. gestiegen ist. Nach den vorliegenden Berechnungen beansprucht dieses Mehr in der etwa vierzigtägigen Abfuhrperiode der Rüben täglich 4515 Wagen, d. h. bei einer dreitägigen Umlaufszeit 13 545 Wagen. Erschwerend wirkt hierbei noch der Umstand, daß die Anschlußgeleise zahlreicher Zuckerfabriken für die so außergewöhnlich gesteigerte Anfuhr von Rüben nicht ausreichen und daß daher die Entladung der Wagen häufig nicht rechtzeitig erfolgen kann. Wenn die betreffenden Fabriken in solchen Fällen die Wagenmiete auch willig zahlen, so wird dadurch der Nachteil doch nicht gemildert, der denjenigen erwächst, denen die Wagen wegen der längeren Inanspruchnahme vorenthalten werden.

Weiter ist die Wagengestellung durch die außergewöhnlich ungünstigen Witterungsverhältnisse in diesem Herbste nachteilig beeinflußt worden. Es wird kaum in Abrede gestellt werden können, daß starke anhaltende Stürme, Nebel und dunkles Wetter den Rangierdienst auf den großen, besonders zu diesem Zwecke angelegten Bahnhöfen nachhaltig beeinflussen und die rechtzeitige Gestellung der Wagen in gewissem Grade behindern können.

Für den Westen kommt noch der besondere Umstand hinzu, daß durch den Einsturz des Tunnels bei Altenbeken eine der bedeutendsten Linien für den Güterverkehr eine vorläufig dauernde Störung erlitten hat. Sie erfordert eine Umgehung, die durchschnittlich den Zeitaufwand des vierten Teiles eines Tages erfordert. Bei 315 000 Wagen und einem Umlauf von 3½ Tagen erfordert jener Zeitaufwand täglich ein Mehr von rund 6000 Wagen.

Man wird nicht umhin können, bei der Beurteilung der außerordentlich empfindlichen, in diesem Herbste durch den Wagenmangel herbeigeführten Störungen unseres Erwerbslebens den vorerwähnten

Verhältnissen Rechnung zu tragen. Man wird dies um so mehr tun können, da die Staatseisenbahnverwaltung, wie sie versichert, es an den äußersten Anstrengungen nicht hat fehlen lassen, soweit die Möglichkeit irgend vorliegt, die Not zu mildern und Abhilfe zu schaffen.

Die außergewöhnliche Aufwendung für die Beschaffung von Betriebsmitteln ist bereits erwähnt worden. Die Leistungsfähigkeit der betreffenden Fabriken ist, nach Angabe der Staatseisenbahnverwaltung, voll in Anspruch genommen worden; zu umfangreicheren Lieferungen seien sie nicht im stande gewesen. Zur Beschleunigung des Wagenumlaufes ist auf allen in Betracht kommenden Strecken die Zahl der Züge stark vermehrt worden. Diese weitgreifende Umgestaltung des gewöhnlichen Verkehrs hat sich, wie die Staatseisenbahnverwaltung angibt, erst allmählich in geordneter Weise vollziehen können; mit der Eingewöhnung des Personals in die so wesentlich geänderten Betriebsverhältnisse werde eine Minderung der beklagten Uebelstände sicher zu erwarten sein.

Die Hoffnung auf eine baldige Beseitigung des empfindlichen Wagenmangels stützt sich auch auf den Umstand, daß die Inanspruchnahme des Wagenparks für die Beförderung von Rüben demnächst aufhören wird. Ich hatte gestern Gelegenheit, in einem Kreise von Zuckerindustriellen Erkundigungen einzuziehen; dabei habe ich erfahren, daß das Ausheben der Rüben auf den meisten Feldern beendet sei. Die Abfuhr der Rüben nach den Fabriken, wo sie für den weiteren Verlauf der Kampagne zum großen Teile eingemietet werden und eines weiteren Bahntransportes nicht bedürfen, ist in der Hauptsache als beendet zu betrachten. Daher ist mit Bestimmtheit zu erwarten, daß schon in den nächsten Tagen erheblich mehr Wagen der Industrie zur Verfügung stehen werden.

Da der beste Wille bei der Staatseisenbahnverwaltung vorhanden ist, alles zu tun, was irgend möglich ist, um die der Industrie und dem Erwerbsleben im allgemeinen durch den Wagenmangel zugefügten Schädigungen zu mildern bezw. gänzlich abzuwenden, so ist wohl zu hoffen, daß in allernächster Zeit eine Wendung zum Besseren eintreten wird.

Ich will nicht unerwähnt lassen, daß die Staatseisenbahnverwaltung als eine der Ursachen der großen durch den Wagenmangel herbeigeführten Schäden und Verluste den Umstand ansieht, daß namentlich die kleineren Industrien außer acht lassen, Fürsorge für eine durch irgend welche Verhältnisse gestörte Kohlenversorgung zu treffen. Die Staatseisenbahnverwaltung selbst hat solche Fürsorge in weitem Umfange getroffen; ihr ist auch bekannt, daß große industrielle Werke ständig einen verhältnismäßig großen Vorrat von Kohlen und sonstigem Brennmaterial halten, um für alle Fälle gerüstet zu sein. Es ist nicht anzunehmen, daß es gelingen wird, die Schwierigkeit bei der Wagengestellung in den Herbstmonaten in Zukunft gänzlich zu beseitigen. Eine Vermehrung der Betriebsmittel in einem Umfange, der erforderlich wäre, um dem durch die Komplikation der Verhältnisse gewöhnlich nur für wenige Wochen hervortretenden gesteigerten Bedürfnis zu genügen, dürfte kaum als wirtschaftlich gerechtfertigt angesehen werden können. Wenn aber die kleineren industriellen Betriebe sich daran gewöhnen könnten, im Sommer schon durch die Anschaffung eines Vorrats von Brennmaterial Vorsorge für die voraussichtlich immer im Herbst eintretende Stockung in der Zufuhr von Kohlen zu treffen, wenn sie somit in der schweren Zeit einige Wochen auf die Zufuhr verzichten könnten, so würden sie dadurch, wie die Staatseisenbahnverwaltung annimmt, nicht nur dem eigenen Interesse dienen, sondern es würde ein sehr erheblicher Teil des Wagenparkes für den übrigen, jetzt so schwere Not leidenden Verkehr frei werden. Die Eisenbahnverwaltungen sowohl, wie die Kohlenproduzenten würden zu erwägen haben, ob es nicht gut wäre, durch Begünstigung der Sommerbezüge in irgend welcher Art die Ansammlung von Vorräten bei den Fabriken für die Herbstzeit zu begünstigen.

Die Mitglieder des Centralverbandes werden bei ihren an ihn gerichteten Beschwerden über den herrschenden Wagenmangel wohl nicht haben erwarten können, daß es möglich sein werde, sofort Abhilfe zu schaffen. Der Unterzeichnete mußte sich, wie bereits im Eingange hervorgehoben worden ist, darauf beschränken, die Beschwerden und Klagen sowie die Folgen des bestehenden Mißstandes vorzutragen und um tunlichste Abhilfe vorstellig zu werden. Er hielt sich aber für verpflichtet, die Ergebnisse der Erörterung mit Bezug auf die tatsächlichen Verhältnisse den Mitgliedern des Centralverbandes hiermit zur Kenntnis zu bringen.

B.

Eingaben.

Die meisten Eingaben des Centralverbandes Deutscher Industrieller an die verschiedenen Behörden, insbesondere die zahlreichen handelspolitischen Eingaben, erscheinen zur Veröffentlichung nicht geeignet. Sonach konnte wieder nur eine kleine Zahl der Eingaben für die Publikation ausgewählt werden. Aber auch in dieser Beschränkung werden, wie wir hoffen, diese Mitteilungen den Mitgliedern manches ihrer Aufmerksamkeit werte bieten.

1.

Eingabe 1. An den Preußischen Herrn Finanzminister,
2. An den Preußischen Herrn Minister für Handel und Gewerbe, betreffend Abänderungsanträge zum Vereinszollgesetz vom 1. Juli 1869.

Berlin, den 10. August 1904.

In der Anlage beehren wir uns, eine Anzahl von Anträgen auf Abänderung des Vereinszollgesetzes mit der Bitte zu überreichen, sie bei der in Angriff genommenen Revision dieses Gesetzes geneigtest zu berücksichtigen.

Zu § 11. Die in diesem Paragraphen vorgesehene Frist von acht Wochen ist für den geschäftlichen Verkehr zu kurz und ungenügend. Die Verlängerung derselben wird beantragt.

§ 15. Die Verjährungsfrist von Forderungen und Nachforderungen von einem Jahr ist zu lang. Die Herabsetzung dieser Frist, sowie der Reklamationsfrist für den Zollpflichtigen auf drei Monate wird erbeten.

Die bisherige Bestimmung, wonach die Zollbehörde noch nach Jahresfrist eine Nachforderung an den Zollpflichtigen erheben kann, wird vielfach als Härte empfunden. Der Kaufmann wird nach einem solchen Zeitraum in der Regel die Ware zu einem auf Grundlage des entrichteten Zolles berechneten Preise verkauft haben. Er kann wegen Nachforderung nicht auf den Käufer zurückgreifen. Der nachzuzahlende Betrag ist also für ihn ein barer Verlust, der ihn völlig unverschuldet trifft, da er nicht annehmen kann, daß die Zollstelle zuvor einen falschen Zoll in Anrechnung gebracht hat.

Zu den §§ 23 bis 27. Gegenwärtig ist es üblich, daß die Zolldeklaration bei auf dem Eisenbahnwege eingeführten Gütern von dem Warenführer bezw. dem Empfänger abgegeben werden muß vor Besichtigung der Ware, da sie vorher in den Eisenbahnwaggon nicht hineingelassen werden. Die Deklaration geschieht dann meistens auf Grund des Frachtbriefes, der häufig nicht genau abgefaßt ist. Für die dadurch entstehende unrichtige Deklaration muß aber der Deklarant haften, und die Zollstrafe muß die Ware tragen.

Wir beantragen daher, eine Bestimmung aufzunehmen, wonach dem Empfänger oder dem Warenführer gestattet wird, erst die Ware zu besichtigen und dann zu deklarieren.

Die Zulassung einer Besichtigung der Ware vor der Deklaration und Verzollung ist auch deshalb wünschenswert, weil dann der Empfänger die Qualität der Ware kontrollieren kann. Falls diese, die aus dem Auslande von einem dortigen Händler oder Produzenten geliefert wird, nicht vertragsmäßig ist, so kann der Empfänger dieselbe unverzollt dem Absender zur Verfügung stellen, und der letztere ist in der Lage, sie event. wieder ins Ausland zurückzunehmen. Die Zurverfügungstellung wird aber jetzt sehr erschwert dadurch, daß der Empfänger, bevor er die Ware sieht, den Zoll aus seiner Tasche bezahlen muß, dessen Rückerstattung bei Wiederausfuhr von der Zollbehörde, oder bei Weiterverkauf von dem Lieferanten nur schwer zu erlangen ist. Die gegenwärtig geltende Uebung, daß der Empfänger die Ware nur nach der Verzollung besichtigen darf, erschwert daher den Bezug aus dem Auslande sehr erheblich.

Durch die im vorstehenden vorgeschlagene Befugnis des Empfängers, vorher die Ware zu besichtigen, wird dieser in den Stand gesetzt, eine richtige Deklaration abzugeben. Sollte dem von uns vorgeschlagenen Antrage nicht stattgegeben werden können, so beantragen wir, daß dem Empfänger wenigstens ein weitgehendes Recht gegeben wird, seinerseits die Deklaration zu berichtigen. Eine unrichtige Deklaration darf in solchen Fällen, wo der Warenführer oder Empfänger die Ware nicht besichtigen darf, nur dann zur Verhängung von Zollstrafen führen, wenn die Absicht der Täuschung nachgewiesen ist. Gegenwärtig tritt aber die Zollstrafe auch dann ein, wenn der Warenführer oder Empfänger die Ware, die er nicht vorher besichtigen darf, in gutem Glauben irrtümlich klassifiziert hat.

Nun könnte allerdings darauf hingewiesen werden, daß dem Frachtführer oder Empfänger das Recht zustehe, den Antrag auf spezielle Revision zu stellen. In diesem Falle aber müssen sich Warenführer oder Empfänger gemäß § 27 des Vereinszollgesetzes gefallen lassen, daß erst alle anderen Sendungen, auch wenn sie später eintreffen, abgefertigt werden, und solange die Ladung auf deren Kosten unter Verschluß gehalten wird. Dadurch entsteht aber ein erheblicher Zeitverlust bis zu mehreren Tagen, so daß zu der Stellung dieses Antrages nur im äußersten Notfalle gegriffen wird.

Da der Frachtführer oder Empfänger die Ladung vor der Deklaration nicht besichtigen darf, so wird endlich als Gewicht in der Regel das im Frachtbrief vermerkte Gewicht angegeben. Im Frachtbrief bei der Versendung per Bahn wird aber häufig das Mindestgewicht genannt, welches nach dem Tarif auf jeden Fall verfrachtet werden muß, während tatsächlich ein geringeres Gewicht verladen ist. In der Regel ist das mindestens nach dem Tarif zu bezahlende Gewicht bei Waggonladungen 10 Tonnen. Wenn also nur 8 Tonnen versandt werden, so kann im Frachtbrief ohne daß die Fracht sich ändert, als Gewicht 10 Tonnen stehen. Bei der Verzollung ist das aber von Wichtigkeit. Wenn aber dem Interessenten eine Besichtigung nicht vorher gestattet ist, so muß wenigstens das Nettogewicht ermittelt und dieses der Verzollung zu Grunde gelegt werden.

Zu § 29. Bezüglich der Verzollung von Bündelgarn in Ballen wird die Einführung eines einheitlichen Satzes für die Verzollung der Ballen-Tara an Stelle der jetzigen drei Sätze beantragt. Die Höhe dieses Satzes dürfte mit durchschnittlich 2 pCt. genügend bemessen sein.

Die bisherige Verzollung der Tara bei 3 zylinder Copsgarnen wird nach den Erfahrungen unserer Mitglieder als genügend erachtet. Bei 2 zylinder Copsgarnen ist dagegen die jetzige Tara 5—6 pCt. zu niedrig. Eine Trennung der Taraverzollung dieser beiden Garnsorten wird daher vorgeschlagen.

Zu den §§ 33, 94 bis 96. Die bei der Ueberweisung zollpflichtiger Waren an ein im Inlande gelegenes Zollamt vorgesehenen zwei Arten des Zollverschlusses entsprechen den heutigen Verkehrsverhältnissen nicht mehr, sondern werden als lästige Kontrollmaßregeln empfunden, die unnötige Kosten und Unbequemlichkeiten mit sich bringen. Was in erster Linie die Abfertigung auf Ladungsverzeichnis betrifft, welches die einfachere Art darstellt, so kann diese nur dann in Anwendung kommen, wenn es sich um ganze Wagenladungen handelt. Wenn nun bei gedeckten Wagen der notwendige Verschluß nur mittelst Plomben erfolgte, so wäre dagegen nichts einzuwenden. Der vorgeschriebene Zollverschluß aber durch Zollschlösser, deren Schlüssel in verriegeltem Paket die Wagen begleiten, ist ein äußerst lästiges Verfahren. Auch der Verschluß der offenen Wagen mittelst Zolleinen ist zu umständlich. Beide Arten des Verschlusses erscheinen nicht notwendig, da die Interessenten, für welche die Ladung bestimmt ist, während der Fahrt des Eisenbahnwaggons auch von Seiten der Eisenbahnverwaltung nicht an die Wagen herangelassen werden. Es genügt also, wenn durch einen Vermerk oder bunten Zettel an oder auf dem Frachtbriefe der Bestimmungsstation aufgegeben wird, den Wagen nicht eher dem Adressaten zur Verfügung zu stellen, bis die Steuerbehörde ihn frei gegeben hat. Daß unterwegs während der Fahrt aus dem Wagen einzelne Stücke entwendet werden, ist nicht anzunehmen. Es wäre das ein Diebstahl, vor dem die Eisenbahnverwaltung schon im eigenen Interesse, um nicht nachher auf Schadenersatz belangt werden zu können, die Ware nach Möglichkeit schützt.

Noch weit unangenehmer sind die Unzuträglichkeiten bei dem sogenannten Kolloverschluß. Abgesehen davon, daß die Umwickelung der Kolli mit einer Schnur den Diebstahl oder die Veränderung des Inhalts nicht immer unmöglich macht, kommt es nur zu häufig vor, daß die Schnüre, die Plomben, die Kisten oder das Bleisiegel verletzt werden. In der weitaus überwiegenden Mehrzahl der Fälle ist eine derartige Verletzung nicht aus böser Absicht geschehen, sondern beim Transport, bei dem Ein-, Um- und Ausladen entstanden. Ueber derartige Vorkommnisse entstehen aber umfangreiche Verhandlungen zwischen Eisenbahn, Zollbehörde und Adressaten, die meistens ergebnislos enden, und nur den Erfolg haben, daß die Ware verspätet in die Hände des Adressaten gelangt. Auch hier genügt eine einfache Benachrichtigung an die Eisenbahn, daß sie die Kolli nicht eher dem Adressaten ausliefern soll, bis die Zollbehörde sie freigegeben hat. Außerdem könnte man die Ware selbst durch Bezettelung der einzelnen Kolli noch besonders als Zollgut kennzeichnen.

Zu § 41 Absatz III wird gewünscht, daß die Feststellung des Gewichtes durch Probeverwiegungen nicht nur ausnahmsweise, sondern überhaupt im Falle des Bedürfnisses erfolgen kann. Daher wird beantragt, daß das Wort: „ausnahmsweise" gestrichen werde.

Ferner wird gewünscht, daß die zulässige Abweichung von 2 pCt. auf 5 pCt. erhöht werde.

Zu § 46 Absatz II wird beantragt, die Worte: „der Gattung und des Nettogewichts" zu streichen. Dadurch würde die gewünschte Berichtigung des Begleitscheins I hinsichtlich des Bruttogewichts und der Zahl der Waren zulässig sein.

Zu § 47 Absatz V wird zwischen dem Worte: „Abfertigung" und den Worten: „sofern der Verschluß unverletzt befunden" die Einschaltung folgenden Zusatzes erbeten: „auch bleiben Abweichungen von dem deklarierten Gewicht innerhalb der in § 39 angegebenen Grenze straffrei".

Zu den §§ 48, 67 und 103. Die §§ 48, 67 und 103 enthalten die Bestimmungen über den Zollerlaß von Waren, welche unter Zollkontrolle zu Grunde gegangen sind.

Gegen diese Bestimmungen wird eingewandt, daß nach Auslegung verschiedener Zollämter kein Zollerlaß eintritt, wenn die Waren in der Zwischenzeit von ihrer Ankunft an der Zollstelle bis zur Abnahme durch den Empfänger, bezw. während der Zeit ihrer Lagerung in der zollfreien Niederlage zu Grunde gehen.

Es wird daher gewünscht, daß auch die Ausladung der Waren und die Lagerung in der Niederlage mit in die vorgenannten Paragraphen einbezogen werden.

Ferner wird als erwünscht bezeichnet, daß der § 48 dahin ergänzt werde, daß bei den Waren, welche auf dem Transporte zu Grunde gehen, der Zoll zurückerstattet wird nicht nur für die verdorbene Ware selbst, sondern auch für die unverdorbene Emballage, oder daß wenigstens diese Emballage nach dem Zollsatze ihres Materials und nicht nach dem des früheren Inhaltes verzollt wird.

Weiter wird zu Absatz II des § 48 gewünscht, daß auch gesprungene Gegenstände, z. B. Glocken 2c., welche vom Auslande eingehen, und augenscheinlich nur noch als Schrott zum Einschmelzen verwendet werden können, als Bruchmetall verzollt werden.

Endlich wird darauf aufmerksam gemacht, daß es bei Gummiartikeln recht häufig vorkommt, daß Waren, die für den betreffenden Empfänger keinen Handelswert besitzen, sei es, daß sie hart und brüchig geworden sind, oder sonstige Fehler zeigen, retourniert werden. Es liege dann im Interesse der Empfänger, diese Waren nach erfolgter Besichtigung zu vernichten. Dabei gehen die Ansichten der abfertigenden Zollbeamten auseinander, denn während einige derselben die Vernichtung der eingegangenen Waren unter Aufsicht gestatten, lehnen andere diesen Antrag, weil gegen die zollamtlichen Vorschriften verstoßend, ab, da die betreffenden Waren nicht als Abfälle deklariert seien, und die Zollbeamten nicht in der Lage wären, zu erkennen, daß es sich um unbrauchbare Waren handelt.

Wir bitten daher, den § 48 Absatz II dahin zu formulieren, daß die Vernichtung der vorerwähnten Gegenstände unter Aufsicht der Zollbeamten statthaft sei.

Am Ende dieses Paragraphen wird schließlich folgender Zusatz beantragt:

> „Sofern der Warenempfänger sein Einverständnis mit der Zerstörung erklärt, andernfalls muß dem Empfänger auferlegt bleiben, die zerbrochenen oder sonst beschädigten Waren ohne weitere Zerstörung unter Zollaufsicht nach dem Zollauslande zurückschaffen zu lassen."

Zu § 71 Absatz I wird beantragt, in dem zweiten Satz hinter dem Worte: „Warenverschluß" die Worte: „und bei Schiffstransport unter Raumverschluß" einzuschalten.

Zu § 97 folgende, wird darauf aufmerksam gemacht, daß die Begriffsbestimmungen des Vereinszollgesetzes in der Praxis nicht immer in der gleichen Weise zur Unterscheidung der verschiedenen Niederlagen gebraucht werden, was zu Zweifeln bei der Auslegung auch solcher Gesetze Veranlassung gegeben hat, die nach ihrem eignen Wortlaute nicht in allen Niederlagebezirken zur Geltung kommen sollen, wie z. B. das Fleischbeschaugesetz und die Zollverzinsungsvorschrift in § 12 Abs. II des Zolltarifgesetzes. Es erscheint daher erforderlich, die Unterscheidung so zu treffen, daß möglichst viele den Zollausschlußgebieten (§ 16) zugestandene Vergünstigungen auch den sogenannten Freibezirken zuteil werden, und letztere andererseits von den für „Zolläger" vorgeschriebenen Erschwerungen befreit bleiben.

Zu § 102. Die Zollverwaltung haftet gegenwärtig nur für solche Warenbeschädigungen und Verluste, die entstehen, wenn sie sich Nachlässigkeiten in folgenden Punkten zu Schulden kommen läßt:

a) hinsichtlich der Erhaltung der Niederlageräume in Dach und Fach,
b) hinsichtlich des Verschlusses,
c) hinsichtlich der Aufrechterhaltung der Ruhe und Ordnung bei dem Personal,
d) bezüglich der Abwendung für Feuersgefahr.

Dagegen haftet der private Lagerhalter nach dem Handelsgesetzbuch (§§ 390 und 417) für alle Warenbeschädigungen, es sei denn, daß er ihre Entstehung und ihre Herbeiführung durch Umstände, die durch die Sorgfalt eines ordentlichen Kaufmanns nicht abgewendet werden könnten, nachweist.

Aus der geringen Haftung der Zollverwaltung sind manche Uebelstände entstanden. Wir beantragen daher, die Einführung einer Verschärfung der bisherigen Haftung der Zollverwaltung, jedoch mit der Maßgabe, daß eine Erhöhung der bisherigen Niederlagegebühren nicht erfolgt.

Sollte jedoch die Zollverwaltung glauben, bei der Beschaffenheit mancher Niederlageräume die volle handelsrechtliche Haftung für die eingelegten Waren nicht übernehmen zu können, und ein entsprechender Ausbau der Räume bei diesen Niederlagen im Verhältnis zu dem geringen Umfange der Benutzung derselben zu kostspielig sein, so würden wir zur Erwägung anheim stellen, ob man nicht die handelsrechtliche Haftung im Gesetz als Regel festsetzen, als Ausnahme jedoch der Zollverwaltung die Befugnis einräumen könnte, bei denjenigen Niederlagen, wo sie die volle Haftung aus besonderen Gründen nicht zu übernehmen vermag, ihre Haftung, soweit es durchaus notwendig erscheint, durch das Niederlageregulativ einzuschränken.

Ferner wird von Interessenten darüber geklagt, daß die Zollverwaltung nur für diejenigen Waren eine Haftung übernimmt, die in ihrer öffentlichen Niederlage formell eingelagert worden sind, nicht aber auch für diejenigen, die sich zur Abfertigung vorübergehend in ihren Räumen befinden.

Nach § 75 der Eisenbahnverkehrsordnung endigt die Haftung der Eisenbahn mit der Ablieferung an die Zollverwaltung. Die Haftung dieser aber beginnt erst mit der Aufnahme der Waren in die Niederlage, so daß gegenwärtig, bevor letztere erfolgt ist, keine der beiden Verwaltungen haftet. Die Beseitigung dieser Lücke in der Haftung wird daher bei der Revision des Vereinszollgesetzes erbeten.

Zu dem § 113 wird gebeten, daß auch Sendungen, die infolge von Beanstandungen, von Zahlungsunfähigkeit des Empfängers oder aus anderen Gründen, in das Zollinland wieder eingeführt werden sollen, zollfrei als Retourwaren wieder eingehen können, wenn nachgewiesen wird, daß es dieselben Waren sind, die vorher ausgeführt wurden.

Nach § 113 wird die Zollfreiheit nur für solche Retourwaren zugestanden, die im deutschen Zollgebiete erzeugt oder bearbeitet sind. Ausländische Erzeugnisse können diese Vergünstigung nicht erhalten. So hat z. B. Kaffee, der eingeführt und wieder ausgeführt wird und alsdann aus irgendwelchen Gründen wieder nach dem deutschen Zollgebiet zurückgesandt wird, auf diese Weise den Zoll zweimal zu zahlen. Um diesen Mißstand zu beseitigen, wird vorgeschlagen, den § 113 allgemeiner dahin zu fassen, daß alle Waren, die aus dem Zollgebiet ausgeführt sind und dann wieder eingeführt werden, vom Zoll befreit werden können, sofern kein Zweifel darüber besteht, daß dieselben Waren wieder eingehen, welche ausgeführt sind.

Es wird auch gewünscht, daß die Zollverwaltung in diesen Fällen zum Zollnachlaß gesetzlich verpflichtet sein soll. Um aber zu weit gehende Belästigungen der Verwaltung zu vermeiden, wird es sich empfehlen, den Zollnachlaß erst von einem gewissen Betrage ab zu gewähren.

Zu § 151. Dieser Paragraph setzt eine erhebliche Geldbuße fest, für die Verletzung des amtlichen Warenverschlusses ohne Beabsichtigung einer Zollhinterziehung, wenn nicht nachgewiesen werden kann, daß dieselbe durch einen unverschuldeten Zufall entstanden ist. Dieser Nachweis wird häufig, ja in den meisten Fällen, nicht beizubringen sein. Besonders ist dies der Fall bezüglich des Kolliverschlusses und des Waggonverschlusses. Ferner ist die Strafe bis zu 900 M. schon deswegen zu hoch, weil es sich nur um eine unbeabsichtigte Verletzung handelt.

2.

Eingabe 1. An den Herrn Reichskanzler (Reichsamt des Innern),
2. An den Preußischen Herrn Minister für Handel und Gewerbe, betreffend den Entwurf von Abänderungen der „allgemeinen polizeilichen Bestimmungen über die Anlegung von Dampfkesseln“ vom 5. August 1890.

Berlin, den 17. Dezember 1904.

Euer Exzellenz

erlauben wir uns ehrerbietigst die Anträge der vom Centralverbande vertretenen Industrien zu dem vorerwähnten Entwurfe mit der Bitte um geneigte Berücksichtigung zu unterbreiten.

Im allgemeinen werden die Verbesserungen, die der Entwurf gegen den jetzigen Zustand schaffen will, dankbar anerkannt; die Beanstandungen beziehen sich auf Einzelheiten.

Bei der Wiedergabe der Wünsche folgen wir der Reihenfolge der Paragraphen des Entwurfes.

§ 1, Absatz 4 lautet im Entwurf:

„Der Baustoff und die Ausführung der Dampfkessel müssen durch amtlich anerkannte Sachverständige nach amtlich anerkannten Regeln der Technik geprüft werden.“

Wir erlauben uns, folgende Fassung vorzuschlagen: „Der Baustoff und die Wandstärke neuer Dampfkessel müssen den anerkannten Regeln der Technik entsprechen. Die Kesselbleche müssen durch amtlich anerkannte Sachverständige auf Grund dieser Regeln geprüft werden.“

Es dürfte sich empfehlen, aus dem Wortlaut des Entwurfes die Vorschrift der amtlichen Ueberwachung der Herstellung der Kessel und damit der Kesselschmiedewerkstätten herauszulassen, da sie eine große, durch die Umstände nicht gebotene Belästigung der Industrie mit sich brächte. Wenn der ganze Baustoff geprüft werden müßte, so könnte, auf den Wortlaut der Vorschrift fußend, ein Revisor Festigungsnachweisungen über jeden einzelnen Armaturstutzen, und über jede einzelne Ventilspindel verlangen.

§ 2, Absatz 1 heißt es: „. . . . . . . bei Kesseln, deren Wasseroberfläche kleiner als das Zweifache der totalen Rostfläche ist, muß dieser Abstand mindestens 150 mm betragen.“

Wir bitten, daß diese Bestimmung den folgenden Wortlaut erhält:

„Bei Kesseln, deren Wasseroberfläche kleiner als das 1,3 bezw. 1,2fache der Rostfläche ist, muß dieser Abstand 120 bezw. 150 mm betragen.“

Es gibt Firmen, welche schon seit 30 Jahren stehende Querrohrkessel fabrizieren, welche eine Wasseroberfläche haben, die ca. 1,2- bis 1,3mal so groß ist, als die Rostfläche. Nach den bisherigen Vorschriften sind die Kessel mit 100 mm Wasserstand über dem höchsten Feuerzug gebaut worden. Die Erfahrung hat gezeigt, daß dieser Wasserstand genügt.

Insbesondere ist hervorzuheben, daß die Decke der Feuerbüchse selbst bei Wassermangel nicht gefährdet ist, weil sie im letzten Teil des Feuerzuges liegt, im Gegensatz zu den liegenden Kesseln mit Innenfeuerung, wo die Decke der Feuerbüchse im ersten Teil des Feuerzuges sich befindet.

Es dürfte unseres Erachtens deshalb vom technischen Standpunkte aus die vorgeschriebene Erhöhung des Wasserstandes von 10 auf 15 cm, welche bei den stehenden Querrohrkesseln nötig sein würde, falls die im § 2 vorgeschlagene Bestimmung beibehalten würde, nicht zu rechtfertigen sein.

§ 2, Absatz 2, letzter Satz, bitten wir fortzulassen, da die Bestimmung über die Unterscheidung von „künstlichem" und „natürlichem Zuge" unkontrollierbar ist. Eine Anlage, deren Zug zwischen 20 und 30 mm schwankt, könnte sonst diesen Schwankungen folgend, sich abwechselnd im gesetzlichen und ungesetzlichen Zustande befinden.

§ 3, Absatz 1. Der Begriff „Speiseleitung" ist nicht klar, da wohl nicht beabsichtigt sein dürfte, daß von den Speiseapparaten weg jeder Kessel seine eigene Leitung erhalten soll.

Statt des Absatzes 1 und 2 möchten wir folgende Fassung vorschlagen, indem wir uns dem Wortlaut der vom Verein Deutscher Ingenieure entworfenen Vorschriften anschließen:

„In jeder zu einem Dampfkessel führenden Speiseleitung muß möglichst nahe am Kesselkörper wenigstens ein Speiseventil (Rückschlagventil) angebracht sein, welches beim Abstellen der Speisevorrichtungen durch den Kesseldruck geschlossen wird. Zwischen dem Kessel und jedem Speiseventil ist eine Absperrvorrichtung einzuschalten, auch wenn das Speiseventil abschließbar ist."

Eine besondere Vorschrift über eine Entleerungsvorrichtung könnte dann hier wohl noch hinzugefügt werden.

§ 4, Absatz 1, Satz 1. In dem Wortlaut dieses Satzes liegt eine Handhabe zur Erschwerung des Dampfkesselbetriebes, welche nicht beabsichtigt sein dürfte.

Derzeit sind nur zwei Speisevorrichtungen in fast allen Anlagen vorgesehen. Die Kesselbesitzer werden sich auch in Zukunft mit diesen zwei Speisevorrichtungen begnügen, weil sich dies durch langjährige

Praxis als ausreichend erwiesen hat. Die Kesselanlage müßte jedoch nach dem Wortlaut des § 4 außer Betrieb gesetzt werden, sobald eine der Speisevorrichtungen defekt wird. Geschieht dies nicht, so ist der verantwortliche Betriebsleiter strafbar. Daher ist unseres Dafürhaltens ein Zusatz in dem Sinne erforderlich, daß die Kesselanlage auch bei Defektwerden der einen Speisevorrichtung mit der verbliebenen zweiten fortbetrieben werden kann, daß der verantwortliche Betriebsleiter jedoch verpflichtet ist, die sofortige Wiederinstandsetzung der zweiten Speisevorrichtung zu bewirken und sich nur strafbar macht, wenn er dies versäumt. Wir halten es für geboten, daß ein derartiger Zusatz aufgenommen wird, da bereits bei den jetzt bestehenden Vorschriften ein Besitzer einer Kesselanlage unter Anklage gestellt worden ist, weil er die Anlage fortbetrieben hatte, nachdem die eine der beiden Speisevorrichtungen unbrauchbar geworden war. (cf. Entscheidung des Kammergerichts vom 9. November 1903.)

Daher schlagen wir folgende Fassung vor: „Sind in den nachfolgenden Bestimmungen für denselben Zweck zwei Vorrichtungen vorgeschrieben, von denen jede für sich allein dem Zwecke genügen muß, so können die Vorrichtungen gebotenenfalls einander als Ersatz dienen; der betreffende Kessel befindet sich also nicht in einem vorschriftswidrigen Zustande, wenn vorübergehend, z. B. einer Ausbesserung wegen, eine der beiden Vorrichtungen dienstunfähig ist."

§ 4, Absatz 2. Im Entwurf lautet dieser Absatz: „Jede der Speisevorrichtungen muß imstande sein, dem Kessel doppelt soviel Wasser zuzuführen, als seiner normalen Verdampfungsfähigkeit entspricht."

Im vorhergehenden Absatz 1 ist ferner bestimmt: „Mehrere zu einem Betriebe vereinigte Dampfkessel werden hierbei als ein Kessel angesehen."

Hiergegen ist zu bemerken: Es mag zugegeben werden, daß für Anlagen mit nur einem, zwei oder weniger Kesseln die Vorschrift in § 4, Absatz 2 zweckentsprechend ist, weil eine ausreichende Speisevorrichtung ein wichtiger Faktor der Betriebssicherheit ist; für Anlagen mit einer großen Kesselzahl würde die Absicht, eine Erhöhung der Betriebssicherheit zu erzielen, dagegen durch die Vorschriften des Entwurfes nicht erreicht werden, weil die angeführte Bestimmung bei Anlagen mit mehr als 500 qm Heizfläche zu sehr großen Pumpen führen würde, wenn man nicht eine große Anzahl kleinerer Pumpen (gemäß § 4, Absatz 2, Satz 3) wählt. Da aber eine sehr große Anzahl kleiner Pumpen erheblich weniger wirtschaftlich arbeiten als wenige mittelgroße, so wird der Dampfkesselbesitzer, solange ihm dies freisteht, bei einer großen Anlage immer große Pumpen vorziehen, um der Bestimmung des § 4, Absatz 2, Satz 1 zu genügen. Es ist aber unbestreitbar, daß Speisepumpen, welche große Wassermengen, noch dazu oft solche von hoher Temperatur, fördern müssen, viel leichter und viel häufiger schadhaft werden als kleinere Pumpen. Die Reparaturen erfordern auch bedeutend mehr Zeit. Wenn daher, wie der Wortlaut des § 4, Absatz 2 fordert, bei großen Kesselanlagen sehr große Pumpen notwendig werden, so wird die Betriebssicherheit durch diese Vorschrift eher vermindert als erhöht. Auch ist zu berücksichtigen, daß bei zu großen Pumpen in kurzer Zeit große Wassermengen in den Kessel gelangen, wodurch die Dampferzeugung ungünstig beeinflußt und die Betriebssicherheit gemindert wird. Bei zu großen Pumpen läßt sich ferner kaum ein so langsamer Gang erzielen, daß eine ununterbrochene Speisung, wie es am vorteilhaftesten sein würde, stattfinden kann.

Nach dem Vorstehenden bitten wir, den § 4, Absatz 2 folgendermaßen zu fassen: „Bei größeren Kesselanlagen mit mehr als 500 qm Heizfläche, welche mit guten Speisepumpen ausgerüstet sind, und bei welchen für eine besondere Bewachung der Speisevorrichtungen gesorgt ist, genügt ebenso wie bei den Handpumpen u. s. w. . . . . . das $1^1/_2$ fache der normalen Verdampfungsfähigkeit."

§ 4, Absatz 3. Dieser Absatz dürfte fortzulassen sein, da sich die Oeffnung der Speiserohrmündung nach den gegebenen Verhältnissen zu richten hat. In Belgien z. B. wird viel in den Dampfraum gespeist, ein Verfahren, das bei uns nicht ausgeschlossen werden darf.

§ 5, Absatz 1. (Anmerkung zu § 5, Absatz 1—3.) Folgender Satz der Anmerkung dürfte zu Mißverständnissen führen: „Ferner erscheint es angebracht, die unzuverlässigen Schwimmer, Schmelzpfropfen und nicht durchstoßbaren Spindelventile endlich als zweifellos unzulässig auszuschließen, da es immer noch vorkommt, daß Kesselprüfer über ihre Zulassung im Zweifel sind." Es könnte leicht so aufgefaßt werden, als ob Schmelzpfropfen überhaupt verboten sind. Tatsächlich sind mit solchen Schmelzpfropfen vorzügliche Erfahrungen gemacht worden. Bei dem Brande einer Fabrik war es nicht mehr möglich, zum Kesselhaus zu gelangen und die Feuerung herauszureißen. Es wurde aber durch das Schmelzen der Pfropfen das Feuer in der beabsichtigten Weise selbsttätig ausgelöscht und es wurde dadurch nicht nur eine Explosion verhütet, sondern es wurden auch trotz der sonst völlig abgebrannten Fabrik und des niedergebrannten Kesselhauses die Kessel erhalten. Die Absicht des Entwurfs scheint im vorliegenden Falle dahin zu gehen, die Anwendung von Schmelzpfropfen an Stelle von Wasserstandsgläsern als unzulässig zu bezeichnen. Hiermit stimmen wir vollständig überein; die Schmelzpfropfen an sich aber zu verbieten, wenn sie außer den Wasserstandsgläsern als besonderer Schutz und als besondere Vorsichtsmaßregel angewendet sind, halten wir für falsch. Es wäre daher, um eine falsche Auslegung dieser Bestimmung zu vermeiden, gut, wenn zwischen „Spindelventile" und „endlich" die Worte eingefügt würden: „sofern dieselben als Ersatz der Wasserstandsgläser dienen sollen".

§ 8, Absatz 2. Die dort gegebene Vorschrift erscheint insofern als nachteilig, als der Querschnitt der Sicherheitsventile einer Aenderung bezw. einem Wechsel unterworfen werden müßte, je nachdem infolge Verwendung besserer oder geringerer Kohle die Dampferzeugung des Kessels steigt oder sinkt. Um dem Rechnung zu tragen, erscheint eine Vorschrift angezeigt, welche bestimmt, daß auf das Quadratmeter Heizfläche des Kessels eine bestimmte Verdampfung — etwa 15 kg auf die Stunde — anzunehmen sei. Unter dieser Voraussetzung wäre es möglich, einen bestimmten Ventilquerschnitt für ein und dieselbe Kesselgröße vorzusehen.

§ 8, Absatz 4. Es wird für die Anschlüsse von Niederdruckdampfkesseln an eine gemeinsame, gleichzeitig auch mit Hochdruckdampfkesseln verbundene Dampfleitung die Einschaltung von Rückschlagventilen vorgeschrieben. Bei stilliegendem Niederdruckdampfkessel ist das Rückschlagventil durch das vorgeschriebene Absperrventil außer Wirkung gesetzt. Soll der Dampfkessel befahren werden, so tritt an Stelle des Absperrventils eine andere augenfällige und wirksame Absperrvorrichtung, nach herrschendem Gebrauch eine Blindscheibe. (§ 34 der preußischen Anweisung, betreffend Genehmigung und Untersuchung der Dampfkessel vom 16. März 1892.) Der Uebertritt von Dampf und eine schädliche Wirkung desselben ist nach menschlicher Voraussicht hier bereits ausgeschlossen.

Ist dagegen der Niederdruckkessel in Betrieb, so würde bei einem Versagen der Reduziervorrichtung — nach der Zeitschrift für Dampfkessel- und Maschinenbetrieb vom 5. Oktober 1904 entsprach von über 100 geprüften Reduzierventilen nur ein einziges allen berechtigten Anforderungen! — sich der folgende Vorgang abspielen:

Das Rückschlagventil sperrt den Dampfkessel ab, die in dem Kesselwasser aufgespeicherte Wärme bewirkt fortgesetzt Dampfentwickelung, ohne daß der Kesselwärter es alsbald verhindern kann, und das Sicherheitsventil muß in Tätigkeit treten. Die Sicherung der Niederdruckdampfkessel erfolgt also ebenso, wie bei nicht vorhandenem Rückschlagventil durch das Sicherheitsventil. Stoßweise Entnahme von Dampf könnte sogar unbeabsichtigtes Schließen des Rückschlagventils herbeiführen und den stetigen Betrieb unterbrechen; auf alle Fälle erschwert das Rückschlagventil bei seiner zumeist ungenügenden Oeffnung die Dampfströmung. (cf. auch bezüglich dieser Ausführungen die angeführte Zeitschrift.)

In der Zuckerindustrie gestalten die Verhältnisse sich häufig folgendermaßen:

Hochgespannter Dampf wird nach einer Druckverminderung, oder niedergespannter in einem Hochdruckkessel erzeugter Dampf in die Leitung des niedergespannten Dampfes eingelassen. Die Absperrung der Niederdruckleitung oder der Niederdruckkessel von der Hochdruckleitung durch ein Rückschlagventil könnte zu bedeutenden Störungen Anlaß geben. Es würde wohl die Niederdruckkessel vor einer höheren Spannung schützen, aber die Apparate und Maschinen, die von der Niederdruckdampfleitung gespeist werden, gefährden.

Die angeführte Bestimmung, Rückschlagventile betreffend, bitten wir daher zu beseitigen.

§ 12. Wir erachten es als erwünscht, wenn der Ausdruck „wesentliche Ausbesserungen" näher erläutert wird.

In Absatz 1 des § 14 schlagen wir vor, statt der Worte: „.... welche von Menschen betreten zu werden pflegen" zu setzen: „in welchem sich Menschen aufzuhalten pflegen", da die Fassung des Entwurfs zu unnötigen Unbequemlichkeiten und Schwierigkeiten für die Fabrikbesitzer führen würde. So würde nach dem Wortlaut des Entwurfes auch schon das Trocknen von Gegenständen in den Räumen, in welchen sich die Kesselanlagen befinden, verboten und mit Strafe belegt sein. Diese strenge Fassung des Entwurfs würde nicht erforderlich sein. Vielmehr würde es zur Sicherung des Betriebes genügen, das Trocknen feuergefährlicher Gegenstände im Kesselhause zu verbieten; das Trocknen anderer Gegenstände jedoch in solchem Umfange zuzulassen, daß sie die Ventile nicht verdecken und die Zugänge zu denselben freilassen. Die Betriebszeit der Zuckerfabriken fällt zum großen Teil in die kältere Jahreszeit, bei feuchtem Wetter ist der Anreiz daher doppelt groß, die Wärme des Kesselhauses zum Trocknen der Kleider auszunutzen, welche auf den oft stundenlangen Wegen zur Fabrik durchnäßt wurden.

Wenn die Anlage so eingerichtet wird, daß eine Erschwerung für den Heizer bei der Bedienung des Kessels ausgeschlossen ist, und das Betreten des Trockenraumes nur bestimmten Personen zwecks Herein- und Herausschaffung der zu trocknenden Gegenstände gestattet wird, wäre die Zulassung einer solchen Trockenanlage ein großer Vorteil für die Kesselbesitzer bezüglich der Wärmeausnutzung ihrer Anlagen.

Ferner wäre eine klarere Fassung ebenda erwünscht, da die Häufung der Ausdrücke „solche“ und „solcher“ zu Mißverständnissen Anlaß geben könnte.

§ 20. Die Uebergangsbestimmungen des Entwurfes sind für die deutsche Industrie von größter Bedeutung. Speziell klagt die Zuckerindustrie darüber, daß nach dem Entwurf die neuen Genehmigungsbedingungen bei „wesentlichen“ Aenderungen älterer Anlagen auch auf diese Anwendung finden sollen.

Der Begriff des „wesentlichen“ bedarf hier der festen Umgrenzung, damit die Entwickelung der bestehenden Anlagen nicht durch allzu scharfe Auslegungen der neuen polizeilichen Bedingungen gehemmt werden kann.

In dem Entwurfe steht eine Reihe von neuen Bestimmungen, deren Befolgung bei Neuanlagen wohl auf wenig oder gar keine Schwierigkeiten stößt, denen sich aber, falls sie für bereits bestehende einer neuen Genehmigung bedürfende Anlagen vorgeschrieben werden, derartige Hindernisse in den Weg stellen können, daß sie einer Verweigerung der Genehmigung gleichkommen.

Vorzuziehen möchte daher eine Bestimmung sein, welche lediglich für die beabsichtigte Veränderung eine Nachtragsgenehmigung vorschreibt. Selbstverständlich dürften die Vorschriften über die Nachtragsgenehmigung nur Bedingungen enthalten, welche sich auf die beabsichtigte Aenderung selbst beziehen. Durch die jetzige Vorschrift läuft der Kesselbesitzer Gefahr, daß ihm die Genehmigung für die Einführung technischer Fortschritte verweigert wird, wenn er seine Anlage nicht den neuen Vorschriften entsprechend umändert, während die Anlage oder die Verbesserung als im gesetzlichen Zustande befindlich anerkannt würde, obgleich die Einführung der Verbesserung an sich höchst wünschenswert wäre.

Auch darauf ist hinzuweisen, daß die jetzt von den meisten Genehmigungsbehörden geübte Praxis, eine Nachtragsgenehmigung zu erteilen, wodurch die in § 10 verlangten Unterlagen durch die alten Genehmigungsurkunden ersetzt werden können, in das Belieben der betreffenden Behörde gestellt ist, also des gesetzlichen Zwanges entbehrt und daher jederzeit bei Aenderung der Ansicht der betreffenden Behörde wieder außer Uebung gesetzt werden kann. Die heutigen Nachtragsgenehmigungen befassen sich außerdem auch stets mit der Gesamtanlage und nicht nur mit der Aenderung. Es lassen sich sämtliche Vorschriften, welche eine Gefährdung der Betriebssicherheit der Anlage durch die Aenderung verhüten sollen, in die Genehmigung für dieselbe aufnehmen. So könnte z. B. bei Vergrößerung der Leistungsfähigkeit des Kessels durch Aenderung der Feuerung, Erhöhung des Schornsteins 2c. sehr wohl eine Vergrößerung der Speisevorrichtungen zur Bedingung gemacht werden, während die Anbringung von Versteifungsringen an den Flammenrohren nicht erforderlich sein dürfte.

Ferner erlauben wir uns zu bemerken, daß die Bestimmungen des Entwurfs mit ihren Verpflichtungen und Strafen den Dampfkesselbesitzer treffen. Die Besitzer und Unternehmer einer Fabrikanlage sind jedoch in vielen Fällen nicht identisch; es düfte sich daher empfehlen, anstatt des Ausdrucks „der Dampfkesselbesitzer" die Worte: „der Unternehmer der Dampfanlage" zu setzen.

Im Interesse der Lokomotivbauanstalten erlauben wir uns folgende Wünsche mit der Bitte um Berücksichtigung vorzutragen:

Es wird gebeten, hinsichtlich des Baues, der Ausrüstung und Abnahme der nichtstaatlichen Lokomotivkessel diejenigen äußerst sachgemäßen, sachwissenschaftlichen Vorschriften sinngemäß aufzunehmen, welche die Königlich Preußische Eisenbahn-Verwaltung für den Bau uud die Abnahme ihrer Lokomotivkessel erlassen hat, und welche sich bewährt haben.

Die bisherigen polizeilichen Bestimmungen über die Anlegung von Dampfkesseln geben insofern nicht genügende Klarheit über die Behandlung und Abnahme solcher Lokomotivkessel, die für nichtstaatliche Betriebe bestimmt sind, als sie den in den meisten Fällen zuständigen Dampfkessel-Ueberwachungsvereinen bei der Abnahme derartiger Kessel zu den verschiedensten Auffassungen Anlaß gegeben haben.

So wurde in einem Falle die Abnahme eines kleinen Lokomotivkessels, der genau in der Art der Lokomotivkessel der Preußischen Staatsbahnen hergestellt war, beanstandet, weil der zuständige Dampfkessel-Ueberwachungsverein eine sich nur auf ortsfeste Kessel beziehende Ministerialverfügung über Verankerung ebener Rohrböden durch eingeschraubte Ankerröhren unzutreffend aufgefaßt hatte. In einem anderen Falle wurde bei der Abnahmeprüfung einer kleinen Lokomotive ein Doppelsicherheitsventil, das in seiner Bauart genau den hierfür geltenden Normen der Preußischen Staatsbahnen entsprach und bei diesen zu vielen Tausenden in Betrieb ist, seitens eines Dampfkessel-Ueberwachungsvereins als nicht zuverlässig im Sinne der „Allgemeinen polizeilichen Bestimmungen über die Anlegung von Dampfkesseln" verworfen, während dasselbe Sicherheitsventil kurze Zeit darauf, an einer gleichen Lokomotive angebracht, von einem anderen Dampfkessel-Ueberwachungsverein anstandslos abgenommen, also für zuverlässig im Sinne jener Bestimmungen betrachtet wurde.

3.

Eingabe 1. An den Preußischen Herrn Minister für Handel und Gewerbe,
2. An den Preußischen Herrn Finanzminister,
3. An den Preußischen Herrn Minister des Innern,
betreffend Abänderung des Gesetzes vom 18. Juli 1900 über die Besteuerung der Warenhäuser.

Berlin, den 3. März 1905.

Exzellenz!

Das Haus der Abgeordneten hat in seiner Sitzung vom 17. Februar 1904 beschlossen, der auf 21 Mitglieder verstärkten Kommission für Handel und Gewerbe den nachstehenden Antrag Fuchs und Genossen zur Beratung zu überweisen:

„Das Haus der Abgeordneten wolle beschließen:
die Königliche Staatsregierung zu ersuchen,
noch in dieser Session einen Gesetzentwurf zwecks Abänderung des Gesetzes vom 18. Juli 1900, die Besteuerung der Warenhäuser betreffend, dahingehend vorzulegen, daß dadurch ein wirksamer Schutz des Mittelstandes gegen die ihm durch das Vordrängen der Warenhäuser drohende Gefahr gegeben ist.“

Die Kommission hatte in vier Sitzungen sich dieser Aufgabe unterzogen und den in der Anlage A auf Seite 13 der Drucksache Nr. 394 des Hauses der Abgeordneten, 20. Legislatur-Periode, I. Session, abgedruckten Gesetzentwurf mit 13 gegen 6 Stimmen trotz des Widerspruchs der Regierungsvertreter angenommen.

Es soll danach die jetzige Warenhaussteuer bis auf 5 pCt. erhöht, die Umsatzgrenze von 400 000 M. auf 200 000 M. herabgesetzt, die Steuer selbst von dem gesamten Umsatz, auch dem Engrosumsatz, erhoben und der § 5 des bestehenden Gesetzes vom 18. Juli 1900 gestrichen werden.

Sollte dieser Gesetzentwurf im Abgeordnetenhause und im Herrenhause zur Verabschiedung gelangen, so bittet das gehorsamst unterzeichnete Direktorium Euer Exzellenz, dahin wirken zu wollen, daß die verfassungsmäßige Zustimmung der Krone im Interesse für Handel und Industrie diesem versagt werde, und zwar aus folgenden Gründen:

Der alte solide Kleinhandel, wie er noch um die Mitte des vorigen Jahrhunderts vorkommt, bestand teils, namentlich in kleinen Städten, aus sogenannten Gemischtwarenhandlungen, teils, insbesondere in größeren Städten, aus Branchengeschäften, z. B. Tuchhandlungen, Seidenhandlungen, Glas-, Porzellan- und Steinguthandlungen u. s. w. Der Händler war gewöhnt, daß die Kunden seines Bezirks zu ihm kamen, er hatte einen festen Kundenkreis.

Infolge der Zunahme der industriellen Produktion, der Ueberfüllung des Marktes mit Waren, der Herstellung billiger Waren, entstand für den Kleinhandel die Aufgabe, mit geringerem Preisaufschlag, mit kleinerem Nutzen zu arbeiten und sich einen möglichst großen Absatz zu ermöglichen. Er sah sich nunmehr genötigt, seinerseits die Kundschaft „anzugreifen", sie durch Reisende und durch Reklame einerseits, und durch Kulanz andererseits für seinen Absatz zu interessieren und sie an sich heranzuziehen.

In diesem Konkurrenzkampf ist zunächst eine starke Zunahme des Kleinhandels wahrzunehmen. In Preußen waren nämlich Erwerbstätige im Handel 1845 0,97 pCt. aller Einwohner, im Jahre 1895 2,4 pCt. In Deutschland kamen auf 100 000 Einwohner im Jahre 1882 1364 Händler, 1895 1502 Händler. Im Jahre 1882 kam ein gewerbstätiger Händler auf 59,9 Einwohner, 1895 ist schon jeder 38. Einwohner ein Händler.

Nach einer im Großherzogtum Baden veranstalteten Enquete entfiel 1866 ein Handelsgeschäft auf 357 Einwohner, 1897 auf 182 Einwohner.

In diesem Wettbewerb innerhalb des Handels treten ferner zwei Tendenzen hervor.

Einerseits ist eine große Spezialisierung der Warenhandlungen wahrzunehmen; sie beschränken sich vielfach auf den Vertrieb nur einzelner Artikel. Auf der anderen Seite macht sich aber die Konzentrationstendenz, die Tendenz zum Großbetrieb geltend, indem durch reichhaltige Ausstattung der Läden, zweckmäßige Gestaltung der Geschäftsprinzipien in Verbindung mit großen Kapitalien sehr umfangreiche Kaufhäuser ins Leben gerufen werden. An Stelle des alten Branchengeschäfts tritt hier das Bedarfsartikel-Geschäft. Es findet eine Gruppierung der Waren nach dem Gebrauchszweck, nach dem Bedarf statt. Es entstehen große Kaufhäuser für Massenartikel, wie auch für Qualitätswaren, Luxuswaren u. s. w., das sogenannte Warenhaus.

Der Geschäftsgrundsatz der Warenhäuser ist, den Bedarf des Einzelnen möglichst vollständig zu decken, ihm Gelegenheit zu geben, seine Einkäufe bei größter Auswahl der Bedarfsartikel in tunlichst kürzester Zeit auszuführen. Dadurch gewinnt das Warenhaus eine weitgehende Bedeutung für die Arbeiterbevölkerung, die, infolge der gestiegenen Löhne und damit verbesserten Lebenshaltung, ein kaufkräftiger Kunde geworden ist.

Es ist nicht unsere Aufgabe, die einzelnen Arten der Warenhäuser hier näher zu schildern. Wir wollten nur kurz andeuten, daß die Entstehung der Warenhäuser ein naturgemäßes Ergebnis der modernen Entwickelung der Verkehrsmittel, unserer industriellen Massenproduktion, der technischen Fortschritte, auch auf kunstgewerblichem Gebiete u. s. w. ist. Die Warenhäuser bilden einen entschiedenen Fortschritt gegenüber den früheren Formen des Kleinhandels.

Die Inhaber der Warenhäuser sind dadurch, daß sie die Grossisten umgehen und direkt von den Fabrikanten in großen Bezügen und fast ausnahmslos gegen bar kaufen, in der Lage, ihre Waren billiger zu erstehen, als die kleineren Geschäfte. Sie sind ferner infolge ihrer zweckmäßigeren kaufmännischen Organisation, ihrer größeren Arbeitsteilung, ihrer Ersparnisse an Generalkosten, der vollständigen Barzahlung u. s. w. in der Lage, ihre Artikel mit einem geringeren Preisaufschlag, also billiger zu verkaufen, als der kleinere Geschäftsmann. Dadurch aber befördern sie wiederum den Massenabsatz an Konsumartikeln, auch an kunstgewerblichen, ästhetisch verschönten Gebrauchsgegenständen an diejenigen Bevölkerungsklassen, die bisher derartige Waren nicht bezogen haben, bezw. nicht beziehen konnten. Sie steigern dadurch ganz entschieden den Warenabsatz auf dem heimischen Markt und heben die Lebenshaltung der Arbeiterbevölkerung, indem sie auch letzterer die Anteilnahme an den Vorteilen aller industriellen und technischen Fortschritte erleichtern.

Daß mit dem Entstehen der Warenhäuser eine Zunahme des Kleinhandels in demselben großen Umfange wie bisher nicht stattfinde, darf man wohl annehmen. Trotzdem lag kein volkswirtschaftlich berechtigter Grund vor, die Warenhäuser gleichsam ab irato durch eine besondere Umsatzsteuer, wie es in Preußen durch das Gesetz, betreffend die Warenhaussteuer, vom 18. Juli 1900 geschehen ist, in ihrer geschäftlichen Entwickelung zu Gunsten des Kleinhandels hemmen zu wollen. Der Großbetrieb sollte im Detailhandel ebenso berechtigt sein, wie der Kleinbetrieb. Wie im Gewerbe dem handwerksmäßigen Klein- und Mittelbetrieb der industrielle Großbetrieb gegenübersteht, so ist im Handel dem Kleinhandel in Form der Warenhäuser der Großbetrieb zur Seite getreten. Ebensowenig aber, wie heute ein vernünftiger Politiker daran denkt, den industriellen Großbetrieb, die

Großindustrie durch besondere Besteuerung zu Gunsten des handwerksmäßigen Betriebes zu hemmen oder zu erdrosseln, ebensowenig sollte daran gedacht werden, die Warenhäuser durch besondere Besteuerung zu Gunsten des Kleinhandels in ihrer Existenz zu bedrohen oder zu vernichten. Daher lag kein gerechtfertigter Grund vor für die Einführung der Warenhaussteuer. Wenn unsolide Auswüchse und Mißbräuche innerhalb der Warenhäuser vorkommen oder hervortreten sollten, durch die der Kleinhandel geschädigt würde, so können sie auf andere Weise, etwa durch eine Abänderung des Gesetzes über den unlauteren Wettbewerb, beseitigt werden.

Für die kaufmännische Solidität der Warenhäuser spricht aber die Beteiligung der Banken mit ihrem Kapital an denselben; denn die große Vorsicht, welche die großen Banken bei Führung ihrer Geschäfte beobachten, berechtigt zu der Annahme, daß die Warenhäuser kaufmännisch gut geleitete Betriebe sein müssen.

Die eigene Erfahrung hat uns auch gelehrt, daß die großen Warenhäuser gerne bereit sind, denjenigen, die ein berechtigtes Interesse zeigen, Einblick in ihre Geschäftsgebarung zu gestatten. Wer diesen Einblick sucht, wird finden, daß gerade die größten und berufensten auf durchaus solider Geschäftsgrundlage beruhen. Bei einer solchen Prüfung wird nicht unberücksichtigt bleiben können, daß die Behandlung des Personals von sozialen Gesichtspunkten aus eine durchaus humane ist.

Es ist ferner Tatsache, daß die preußische Warenhaussteuer die in sie gesetzten Hoffnungen in keiner Weise erfüllt hat. Die Zahl der Warenhäuser ist auch nach dem Inkrafttreten dieser Steuer weiter gewachsen, was auch von den Regierungsvertretern in der hier in Rede stehenden Kommission bestätigt worden ist. Die Steuer selbst wird aber nicht von den Inhabern der Warenhäuser getragen, sondern auf die Fabrikanten, auf die Industrie abgewälzt. Der einzelne Fabrikant, der seine ganze Produktion oder doch einen sehr großen Teil derselben an das Warenhaus absetzt, von diesem sofort bei Abnahme den Betrag in bar erhält, dadurch des Risikos und der Kosten enthoben wird, die mit dem Absatz vieler kleiner Posten an einzelne Abnehmer verbunden sind, ist nicht in der Lage, das vorteilhafte Geschäft mit dem Warenhause abzulehnen wegen einiger Prozente, die ihm mehr abgezogen werden. Er muß also die Warenhaussteuer übernehmen. Uns ist bekannt, daß noch vor dem Entstehen der sogenannten Warenhäuser große Kaufhäuser sich von ihren Lieferanten, von dem einzelnen Fabrikanten die Beträge zur Herausgabe ihrer eigenen Kataloge und anderes mehr zahlen ließen. Uebrigens wird auch in dem hier in Rede stehenden Kommissionsbericht von den Verteidigern der neuen Vorlage ausdrücklich anerkannt, daß die jetzige Warenhaussteuer den Lieferanten der Warenhäuser aufgebürdet würde. Selbst der Vertreter des Finanzministers hat in den Kommissionsverhandlungen zugegeben, daß dem kapitalkräftigen großen Warenhause es ungleich leichter gelingt, die Steuer auf die Fabrikanten oder die Konsumenten abzuwälzen, als dem kleineren, kapitalistischen Betriebe. Dadurch wirkt aber die Warenhaussteuer wie eine inländische Absatzsteuer; die Industrie, die in den Zentren des inländischen Marktes ihre Artikel absetzen will, muß sich dieser Steuer unterwerfen.

Es ist nun um so auffälliger, daß gerade diejenigen politischen Parteien, welche stets die Industrie auf den inländischen Markt als den wichtigsten Absatzmarkt verweisen und sie vor der Ueberschätzung des Exports warnen, sie hier, durch die Besteuerung des inländischen Marktes, von diesem verdrängen und zu einem größeren Export indirekt zwingen wollen.

Im übrigen muß aber betont werden, daß auch seit Bestehen der Warenhäuser das Anwachsen des Mittelstandes weiter stattfindet. In Preußen hat die steuerfreie Gruppe (bis 900 M. Einkommen) nach den statistischen Nachweisen über die Einkommensteuer entschieden abgenommen. Die zweite große Gruppe (900—3000 M. Einkommen), sowie die nächstfolgenden haben aber zugenommen. Ebenso weisen auch die Sparkassen eine von Jahr zu Jahr steigende Kapitalseinlage auf. Da seit dem Jahre 1895 eine weitere Berufszählung nicht stattgefunden hat, so können genaue ziffermäßige Angaben hierüber nicht gegeben werden. Um aber den Kleinhandel, den Mittelstand von Staats wegen zu schützen, erscheint es viel angebrachter, die Organisation von Einkaufsgenossenschaften, die kaufmännisch-technische Durchbildung desselben zu fördern, als im Wege der Steuergesetzgebung hier vorzugehen.

Jede weitere Verschärfung der Warenhaussteuer würde die Industrie empfindlich treffen, ohne die von ihren Anhängern erhofften Zwecke zu erreichen. Eine solche Verschärfung der Besteuerung des industriellen Absatzes auf dem heimischen Markte würde aber um so verhängnisvoller wirken, sobald die neuen, für die Industrie ungünstig ausgefallenen Handelsverträge in Wirksamkeit treten.

Selbst wenn es aber durch diesen von der Kommission vorgeschlagenen Gesetzentwurf gelingen sollte, die Warenhäuser zu vernichten, so würde damit dem Kleinhandel nicht geholfen sein; denn an die Stelle der Warenhäuser würden die großen Spezialgeschäfte treten, die dem Kleinhandel noch größeren Schaden verursachen würden, als es angeblich die heutigen Warenhäuser tun sollen.

Durch die in dem Gesetzentwurf von der Kommission vorgeschlagene Herabsetzung der Untergrenze von 400 000 auf 200 000 M. Umsatz würde die Warenhaussteuer eine große Zahl von Geschäften treffen, die keine Warenhäuser sind. Damit würde die Warenhaussteuer zu einer Besteuerung der Großbetriebe an sich ausgestaltet werden.

Die weiter vorgeschlagene Einführung einer Steuerprogression nach Gruppenzahl müßte auch verwaltungstechnisch zu den unhaltbarsten Zuständen führen. Man würde zu dieser Steuer Betriebe heranziehen müssen, an die man absolut nicht gedacht hat. Z. B. ein Spezialgeschäft für Waren aus deutschen Kolonien, das Konsumtibilien und daneben Jagdutensilien und Bambusmatten führt, müßte nach dem Entwurf von der Warenhaussteuer getroffen werden, da Konsumtibilien unter Gruppe A, Jagdutensilien unter Gruppe D und Bambusmatten unter B fallen.

Ohne weiter auf diesen Entwurf einzugehen, muß nochmals betont werden, daß die von der Kommission gemachten Vorschläge zu den größten Ungerechtigkeiten führen würden.

Wir müssen aber nicht allein diesen Gesetzentwurf vom Standpunkt der Industrie ganz entschieden bekämpfen, sondern auch die bisherige Warenhaussteuer als verfehlt bezeichnen, und ihre Aufhebung befürworten. Die nationale Industrie in Deutschland, deren Absatz nach dem Auslande durch die neuen Handelsverträge erschwert werden wird, wird ihre Stellung im Inlande sowohl wie auf dem Weltmarkt um so weniger behaupten können, wenn ihr zu den schweren Lasten, die sie jetzt schon zu tragen hat, noch indirekte Steuern aufgelegt werden sollten.

4.

Eingabe an den Herrn Reichskanzler (Reichsschatzamt), betreffend den Veredlungsverkehr unter der Herrschaft des Zolltarifs vom 25. Dezember 1902.

Berlin, den 23. Oktober 1905.

Die Vereinigung für die Zollfragen der Papier verarbeitenden Industrie und des Papierhandels hat in einer Eingabe vom 15. Mai d. J. beantragt:

> „Es möge der im Reichsschatzamt ausgearbeitete Entwurf von Ausführungsbestimmungen zu § 115 des Vereinszollgesetzes wie auch dieser Paragraph selbst dahin abgeändert werden, daß der aktive Veredlungsverkehr allgemein und als Regel gesetzlich für alle Waren zugelassen wird unter der einzigen Bedingung, daß die Wiederausfuhr der zollfrei eingeführten Waren nach ihrer inländischen Verarbeitung nachgewiesen wird.“

Wenn wir auch kaum glauben, daß an irgend einer verantwortlichen Stelle die Absicht bestehen könnte, diesem Antrage, der einen völligen Umsturz unserer gesamten Zollverhältnisse bedeuten würde, stattzugeben, so wollen wir doch nicht verfehlen, uns ausdrücklich dem Proteste des Vereins Deutscher Zellstoff-Fabrikanten und des Vereins Deutscher Papier-Fabrikanten gegen diesen Antrag anzuschließen.

Gleichzeitig gestatten wir uns aber bei dieser Gelegenheit nochmals unsere Anschauung hinsichtlich der Gestaltung des Veredelungsverkehrs nach dem 1. März 1906 zum Vortrag zu bringen.

Bereits in unserer gehorsamsten Eingabe vom 22. Oktober 1903 haben wir uns gestattet, darauf hinzuweisen, daß der Centralverband Deutscher Industrieller kein Gegner des Veredelungsverkehrs ist, sofern er lediglich eine zolltechnische Maßnahme bleibt. Wir können aber nicht anerkennen, daß durch den § 115 des Vereins-Zollgesetzes der Verwaltung die Befugnis erteilt worden ist, aus volkswirtschaftlichen oder sozialpolitischen Gründen gesetzliche Bestimmungen des Zolltarifs für bestimmte Verkehrseinrichtungen außer Kraft zu setzen. Das ist aber tatsächlich der Inhalt des unechten Veredelungsverkehrs, bei dem Bestimmungen des Zolltarifs aufgehoben werden, sofern nur die im Inlande hergestellten Waren zur Wiederausfuhr bestimmt sind. Wir erlauben uns, zur Vermeidung von Wiederholungen auf unsere grundsätzlichen Darlegungen in dem vorher erwähnten Bericht vom 22. Oktober 1903, von dem wir Abschrift beifügen, zu verweisen. Gegenüber Ausführungen, die durch die Presse gegangen sind, und in denen unsere Anschauung als mit dem neuen Zolltarifgesetz nicht vereinbar bezeichnet worden sind, glauben wir aber noch folgendes hervorheben zu müssen:

Wir vermögen nicht zu erkennen, daß die Begründung des Zolltarifgesetzes von Auffassungen ausgeht, die unserer Anschauung entgegenstehen. Es heißt in der Begründung:

„Gewerbliche Erzeugnisse, die von Ausfuhr-Industrien weiter verarbeitet werden, z. B. Garne für Weberei und Wirkerei, dürfen durch Schutzzölle nicht so verteuert werden, daß die Ausfuhrfähigkeit der verarbeitenden Industrie in Frage gestellt wird. Auf die Durchführung dieses Grundsatzes wird jedoch insoweit verzichtet werden können, als der Ausgleich der sich entgegenstehenden Bedürfnisse durch besondere Maßnahmen möglich ist. Ein geeignetes Mittel bildet die Zulassung der ausländischen Waren zur zollfreien Verarbeitung im Inlande unter amtlicher Festhaltung der Identität und Ueberwachung der Wiederausfuhr auf Grund des § 115 des Vereinszollgesetzes; die Zulässigkeit von Erleichterungen auf dem Gebiete des Veredelungsverkehrs wird zu erwägen sein. In vielen Fällen wird allerdings die amtliche Ueberwachung der Verarbeitung undurchführbar bleiben."

Ganz abgesehen davon, daß die Begründung nur die Anschauung eines der gesetzgebenden Faktoren darstellt, und nicht zu erkennen ist, daß auch der Reichstag bei seiner Beschlußfassung über das Zolltarifgesetz und den Zolltarif von diesen Voraussetzungen ausgegangen, so ist an keiner Stelle des Zolltarifs irgendwie zum Ausdruck gebracht worden und aus den Verhandlungen auch nicht zu entnehmen, daß industrielle Zollsätze beschlossen worden sind, deren Höhe die Ausfuhrfähigkeit der verarbeitenden Industrie in Frage stellt. Wenn der unechte Veredelungsverkehr zur Anwendung kommen sollte, würde aber dieser Nachweis nach den eigenen Worten der Begründung zunächst geführt werden müssen, und des weiteren nachgewiesen werden müssen, daß es die bewußte Absicht des Gesetzgebers gewesen sei, die Zollsätze in solcher Höhe zu normieren, um sodann wieder durch Zulassung des Veredelungsverkehrs die Ausfuhrfähigkeit der betroffenen Industrien zu ermöglichen.

Zu diesen Erwägungen tritt für uns der weitere ungemein wichtige und bedeutsame Grund, gegen die Ausdehnung des Veredelungsverkehrs in der von verschiedenen Seiten vorgeschlagenen Weise hinzu, daß wir es für unzulässig halten, in einem konstitutionellen Staatswesen wichtigste wirtschaftliche Interessen der Staatsbürger von den wechselnden wirtschaftspolitischen Anschauungen der Verwaltung abhängig zu machen. Jedenfalls müßte doch eine ausdrückliche Ermächtigung der Zollverwaltung nachgewiesen werden, um mit Recht eine derartige Machtbefugnis für die Verwaltung in Anspruch zu nehmen. Uns ist keine gesetzliche Vorschrift bekannt, die der Verwaltung eine solche Befugnis gibt. Insbesondere bieten weder der Wortlaut noch die Entstehungsgeschichte des § 115 des Vereinszollgesetzes einen Grund, eine solche Befugnis für die Zollverwaltung in Anspruch zu nehmen.

Wir glauben daher, daß die Hohe Reichsregierung nicht umhin können wird, eine ausdrückliche gesetzliche Ermächtigung für sich herbeizuführen, sofern in der Tat, wie in der Presse verlautet, die Absicht bestehen sollte, den Veredelungsverkehr zu einem wirtschaftspolitischen Mittel umzugestalten, durch das, nach den jeweiligen wirtschaftspolitischen Anschauungen der Reichsregierung wesentliche Vorschriften des Zolltarifs zu Gunsten exportierender Industrien außer Kraft gesetzt werden können.

Wir bitten aber dringend, daß es im Interesse einer ruhigen Fortentwickelung bedeutsamer Zweige der deutschen Industrie bei dem bisherigen bewährten Verfahren bleibe, daß lediglich von Fall zu Fall eine Entscheidung darüber getroffen wird, ob es notwendig ist, Materialien (Rohprodukte und Halbfabrikate) einer fremden Volkswirtschaft zur Verfeinerung durch deutsche Industrien dann zuzulassen, wenn es sich um eine Ergänzung der fremden Volkswirtschaft handelt oder die Voraussetzungen dieser Verfeinerung von der deutschen Wirtschaft selbst nicht geboten werden können.

Mit gehorsamem Danke erkennen wir an, daß nach den durch die Presse gehenden Mitteilungen, die Mitwirkung des Bundesrats in der von uns in einer Eingabe vom 22. Oktober 1903 angedeuteten Richtung beabsichtigt ist. Wir glauben, daß die Schaffung einer einheitlichen Instanz in der in Aussicht genommenen Art den berechtigten Klagen der deutschen Industrie wirksame Abhilfe schaffen wird.

5.

Eingabe 1. An den Herrn Reichskanzler (Reichsamt des Innern),
2. An den Preußischen Herrn Minister für Handel und Gewerbe, betreffend Unterstützung des Gesuchs der chemischen Waschanstalten, denselben die Vergünstigung des § 139a der Gewerbeordnung zuteil werden zu lassen.

Berlin, 24. Oktober 1905.

Der Verband deutscher Färbereien und chemischen Waschanstalten in Hamburg hat an den Bundesrat das anliegende Gesuch gerichtet, dem Veredelungsgewerbe der chemischen Waschanstalten die Vergünstigung des § 139a der Gewerbeordnung zuteil werden zu lassen. Wir gestatten uns, dieses Gesuch dringend zu befürworten. Nach § 139a der Gewerbeordnung können für Fabrikationszweige, in denen regelmäßig zu gewissen Zeiten des Jahres ein vermehrtes Arbeitsbedürfnis eintritt, Ausnahmen von der in § 137 festgesetzten Maximalarbeitszeit der Arbeiterinnen mit der Maßgabe zugelassen werden, daß die tägliche Arbeitszeit 13 Stunden statt 11, an Sonnabenden 10 Stunden nicht überschreitet. Die Erlaubnis zur Ueberarbeit darf für mehr als 40 Tage im Jahre nur dann erteilt werden, wenn die Arbeitszeit so geregelt wird, daß ihre tägliche Dauer im Durchschnitt der Betriebstage des Jahres die regelmäßige gesetzliche Arbeitszeit nicht überschreitet.

Bei der Beratung der Gewerbeordnungsnovelle, welche die Regelung der Arbeitszeit der Frauen und jugendlichen Arbeiter brachte, sagte am 20. April 1891 der Abgeordnete, spätere Minister für Handel und Gewerbe, Möller, im Reichstage betreffs der vorstehend gekennzeichneten Bestimmungen des § 139a, man wolle durch sie den

Schreibkram einschränken. Es unterliege gar keinem Zweifel, daß eine ganze Reihe von Fabrikationszweigen gleichen Verhältnissen unterliegen, und es habe daher keinen Sinn, es der Initiative des einzelnen Unternehmers zu überlassen, diese Einzelbefugnisse einzuholen. Es erscheine viel richtiger, die Möglichkeit zu geben, wenn die gleichmäßigen Anträge von vielen Stellen kommen, durch eine Generalverfügung diese Ausnahmen gestatten zu können. Es bedeute das des Redners Ansicht nach nichts als eine erhebliche Vereinfachung der Arbeit aller Beteiligten, der Industriellen sowohl als der Behörden. In der weiteren Debatte äußerte Freiherr von Stumm: Darüber, meine er, könne kein Mensch zweifelhaft sein, daß es eine viel größere Garantie gegen den Mißbrauch solcher Vollmachten sei, wenn der Bundesrat die betreffenden Bestimmungen und Verordnungen generell erläßt, und dann dem Reichstage mitteilt, als wenn die höhere Verwaltungsbehörde das auf ihren Kopf macht und der Reichstag gar nichts davon erfährt. Abgeordneter Wöllmer bemerkte sogar, durch die dem Bundesrat in § 139a, betreffs der Saisonarbeit erteilte Vollmacht würde nach seinem Ermessen § 138a überflüssig werden.

Wesentlich in gleichem Sinne, wie die vorgenannten Abgeordneten, ließ sich aber auch der Kommissar des Bundesrats, der Königlich Preußische Geheime Regierungsrat Dr. Königs aus; er sagte: „Diese Anträge bezwecken im wesentlichen eine Vereinfachung des Schreibwerks, wie Herr Möller eben ausgeführt hat."

Der fernere Antrag zu 2b will es ermöglichen, die Ausnahmen, welche nach § 138a, der eben angenommen ist, für einzelne Betriebe der Saisonindustrie von der höheren Verwaltungsbehörde gewährt werden können, auch durch die Verordnung des Bundesrats für ganze Fabrikationszweige einzuführen. Hier liegt das Bedüfnis einer generellen Regelung noch klarer vor. Es würde in vielen Fällen unbillig sein, wenn dem einen gegeben wird, was der andere vielleicht aus Vergeßlichkeit nicht beantragt hat.

Der Herr Regierungskommissar verwies hier namentlich auf die englische Gesetzgebung, welcher den „Home Secretary" zum Erlaß genereller Vorschriften für die Ueberstunden in der Industrie ermächtigt.

In seiner Eingabe an den Bundesrat hat der Verband deutscher Färbereien und chemischen Waschanstalten dargetan, daß in den chemischen Waschanstalten regelmäßig während der Frühjahrsmonate eine starke Vermehrung der Arbeit stattfindet, und daß es ausgeschlossen ist, dann vorübergehend das Personal entsprechend zu vermehren. In der stillen Jahreszeit ist eine Verminderung der Arbeitszeit sehr wohl möglich, so daß der im Gesetz vorgeschriebene Jahresdurchschnitt eingeholt werden kann. Die Arbeit kann zum großen Teil zweckmäßig nur durch Frauen ausgeführt werden.

Der Verband hat ferner hervorgehoben, daß die schon bisher von seinen Mitgliedern einzeln auf Grund des § 138a bei den höheren Verwaltungsbehörden nachgesuchten Bewilligungen namentlich kleinen Geschäften Schwierigkeiten und Arbeitslast, auch unliebsame Verzögerungen verursachen, daß ferner verschiedene Entscheidungen seitens verschiedener Behörden Erbitterung hervorrufen. Ungefähr dasselbe hat der Herr Regierungskommissar schon 1891 hervorgehoben.

Wir halten somit den Wunsch des Verbandes deutscher Färbereien und chemischen Waschanstalten für wohlbegründet, und bitten, bei dem Bundesrate zu beantragen:

> dem Gewerbszweige der chemischen Waschanstalten gemäß § 139a der Gewerbeordnung die Ueberarbeit mit Arbeiterinnen über 16 Jahre an mehr als 40 Tagen im Jahre bis zu 13 Stunden täglich an so vielen Tagen prinzipiell zu gestatten, daß die tägliche Dauer der Arbeit im Durchschnitt der Betriebstage des Jahres die regelmäßige gesetzliche Arbeitszeit nicht übersteigt.

Gesuch des „Verband deutscher Färbereien und chemischen Waschanstalten“

(Eingetragener Verein, Sitz in Hamburg),

dem Gewerbszweige der chemischen Waschanstalten gemäß § 139a der Gewerbeordnung die Ueberarbeit mit Arbeiterinnen über 16 Jahre an mehr als 40 Tagen im Jahre bis zu 13 Stunden täglich an so vielen Tagen prinzipiell zu gestatten, daß die tägliche Dauer der Arbeit im Durchschnitt der Betriebstage des Jahres die regelmäßige gesetzliche Arbeitszeit nicht übersteigt.

An den Hohen Bundesrat

Berlin.

Nach § 139a, Absatz 4, der Gewerbeordnung ist der Bundesrat ermächtigt, für Fabrikationszweige, in denen regelmäßig zu gewissen Zeiten des Jahres ein vermehrtes Arbeitsbedürfnis eintritt, Ausnahmen von den Bestimmungen des § 137, Absätze 1 und 2, mit der Maßgabe zuzulassen, daß die tägliche Arbeitszeit 13 Stunden, an Sonnabenden 10 Stunden, nicht überschreitet. — Weiterhin heißt es in demselben Paragraphen: „Die Erlaubnis zur Ueberarbeit darf für mehr als 40 Tage im Jahre nur dann erteilt werden, wenn die Arbeitszeit so geregelt wird, daß ihre tägliche Dauer im Durchschnitt der Betriebstage des Jahres die regelmäßige gesetzliche Arbeitszeit nicht überschreitet“.

Der unterzeichnete Verband richtet an den Hohen Bundesrat das ergebene Gesuch, dem Veredelungsgewerbe der chemischen Waschanstalten die in obigem Paragraphen bezeichnete Vergünstigung zuteil werden zu lassen.

In den chemischen Waschanstalten findet während der Frühjahrsmonate regelmäßig eine starke Vermehrung der Arbeit statt. Der Zeitpunkt wechselt je nach der Witterung: tritt frühzeitig trockenes und warmes Wetter ein, so beginnt sogleich die Mehrarbeit. Die Bevölkerung sieht sich dann veranlaßt, die Frühjahrskleidung hervorzusuchen und in Stand setzen zu lassen; ebenfalls Gardinen, Möbel, Teppiche u. dgl. m. werden mit Eintritt der schönen Jahreszeit in chemische Reinigungsanstalten gebracht.

In solchen Zeiten genügend Personal einzustellen, um normale Arbeitszeit einhalten zu können, ist ausgeschlossen,

da 1. die Räume für die dann nötige Zahl Arbeiter nicht ausreichen,

da 2. der in dem ganzen Gewerbezweige plötzlich entstehenden Nachfrage nach geschultem Personal kein auch nur annäherndes Angebot gegenübersteht; zum Anlernen ungelernter Leute fehlt es aber an Zeit,

da 3. die nur vorübergehende Beschäftigung einer Reihe von Arbeitern während einiger Monate in noch viel größerem Maße, als es bereits jetzt der Fall ist, ungesunde Verhältnisse schaffen würde. Die Leute arbeiten kurze Zeit zu übertriebenen Löhnen, gehen während des größeren Teiles im Jahre aber müßig.

Die Arbeit ist zum großen Teil durch Frauen zu beschaffen; sie läßt sich nicht ausschließlich mit männlichen Arbeitern durchführen, weil die in Frage kommenden Arbeiten eine leichtere Hand erfordern, als sie ein Mann zu haben pflegt; auch gestattet die geringe Rentabilität der betr. Geschäfte nicht, daß die höheren Löhne für Männer unnötig gezahlt werden.

Zudem haben viele chemische Waschanstalten für Arbeiterinnen (Büglerinnen und Näherinnen) notgedrungen Akkordarbeit eingeführt. Diesen Arbeiterinnen darf man gerechterweise nicht den höheren Verdienst entziehen, den die „Saison“ durch die vermehrte Arbeit ermöglicht; infolge des Ausfalls in anderen Jahreszeiten sind sie darauf angewiesen.

In der stillen Jahreszeit ist eine Verminderung der Arbeitszeit sehr wohl möglich, wird auch in den meisten Geschäften unserer Branche schon vorgenommen, so daß die in § 139a der Gewerbeordnung enthaltene Bedingung, im Durchschnitt des Jahres die normale gesetzliche Arbeitszeit einzuhalten, in diesem Falle leicht erfüllbar ist.

Die von uns beantragte Vergünstigung konnte allerdings schon bisher nach § 138a der Gewerbeordnung seitens der zuständigen höheren Verwaltungsbehörden bewilligt werden und wird regelmäßig nachgesucht. Allein das erfordert jedesmal die Einreichung eines neuen Gesuchs. Die Abfassung eines solchen Gesuches verursacht indessen sowohl den vielen Inhabern kleiner Geschäfte Schwierigkeiten, als auch den betr. Behörden eine beträchtliche — unseres Erachtens vermeidbare — Vermehrung ihrer Arbeitslast. Auch hängt der einzelne Gewerbetreibende auf diese Weise sehr von der Auffassung des betr. Beamten ab, was schon häufig zu verschiedenen Entscheidungen seitens verschiedener Behörden geführt hat und viele Erbitterung verursachte. Ueberdies tritt zuweilen die Saison ganz plötzlich ein. Der Gesuchsteller ist bis zum Moment der Bewilligung dann nicht im Stande, den Anforderungen der Kundschaft zu genügen; er befindet sich zudem in Ungewißheit über die nachgesuchte Bewilligung, so daß seine Arbeits-Dispositionen entsprechend schwierig gemacht sind. Die Stellung des Gesuchs ist ja immer erst mit dem Moment des eingetretenen Bedürfnisses angängig, da die Tage, für die eine Ueberarbeit gestattet werden kann, in geschlossener Reihe aufeinander folgen müssen, der Zeitpunkt des Eintritts der „Saison“ aber nicht vorauszusehen ist.

Da es sich um ein ständig wiederkehrendes Bedürfnis handelt, sowie um eine Verkehrserleichterung für das große Publikum, so richten wir an den Hohen Bundesrat das ganz ergebene Gesuch:

dem Gewerbszweige der chemischen Waschanstalten gemäß § 139a der Gewerbeordnung die Ueberarbeit mit Arbeiterinnen über 16 Jahre an mehr als 40 Tagen im Jahre bis zu 13 Stunden täglich an so vielen Tagen prinzipiell zu gestatten, daß die tägliche Dauer der Arbeit im Durchschnitt der Betriebstage des Jahres die regelmäßige gesetzliche Arbeitszeit nicht übersteigt.

Hamburg-Billwärder, Mai 1905.

Mit vorzüglicher Hochachtung

„Verband deutscher Färbereien und chemischen Waschanstalten“
(Eingetragener Verein, Sitz in Hamburg).

Der 1. Vorsitzende.

6.

Eingabe an den Herrn Staatssekretär des Innern, betr. die Bitte verfügen zu wollen, daß die Entwürfe von Verordnungen und Verfügungen, welche auf die Verhältnisse industrieller Betriebe einwirken, namentlich soweit sie auf Grund des § 120e der Gewerbeordnung ergehen, in ihrem endgültigen Wortlaut vor der Veröffentlichung dem Centralverband Deutscher Industrieller zur Geltendmachung etwaiger Bedenken vom Standpunkt der Technik und Betriebswirtschaft aus zur Kenntnis gebracht werden.

Berlin, den 25. Oktober 1905.

Auf Grund von Mitteilungen, die vor einigen Monaten durch die Presse gingen, daß Euer Exzellenz beabsichtigen, für die weitere Ausführung des § 120 e der Gewerbeordnung nach einem gemeinschaftlichen, möglichst für alle in Betracht kommenden Gebiete im Voraus aufgestellten Plan vorzugehen, und daß dieser Plan mit einer Anzahl erfahrener Gewerbe-Aufsichtsbeamten von Euer Exzellenz vorberaten werden soll, haben sich fast sämtliche wirtschaftliche Vereine der Ton-, Cement- und Kalk-Industrie veranlaßt gesehen, in einer Eingabe an den Herrn Preußischen Minister des Innern die Bitte auszusprechen, daß die in dieser vorerwähnten Konferenz gefaßten Beschlüsse zunächst, soweit sie die deutsche Ton-, Cement- und Kalk-Industrie betreffen, den wirtschaftlichen Vereinen zur Begutachtung vorgelegt werden möchten. Wir dürfen annehmen, daß der Herr Minister des Innern die Eingabe, von der wir Abschrift gehorsamst beifügen, inzwischen Euer Exzellenz Ressort gemäß zur Kenntnis übermittelt hat.

Die wirtschaftlichen Vereine der Ton-, Cement- und Kalk-Industrie haben den gehorsamst unterzeichneten Centralverband Deutscher Industrieller ersucht, ihre Bitte bei Euer Exzellenz zu unterstützen. Wir kommen dieser Bitte gerne nach und gestatten uns, Euer Exzellenz folgendes zur geneigten Erwägung vorzutragen:

Wir erkennen dankbar an, daß in zahlreichen Fällen, vor Erlaß von Verordnungen und Verfügungen, die sich mit den Verhältnissen der deutschen Industrie beschäftigen, zunächst Sachverständige aus den Kreisen der Industrie gehört worden sind. Wir möchten aber glauben, daß es notwendig ist, diese Anhörung nach einer gewissen Richtung hin zu erweitern. Bisher hat in der Regel die Anhörung der industriellen Sachverständigen nur in den vorbereitenden Stadien des Erlasses einer Verordnung stattgefunden. Auf Grund des so gewonnenen Materials ist dann die Verordnung erlassen worden. Wir möchten glauben, daß es zweckmäßig erscheinen würde, auch den endgültig festgesetzten Wortlaut der Verordnung, bei dem es ungemein häufig auf genaue Kenntnis technischer Vorgänge und des Einwirkens einzelner Bestimmungen auf Produktionsvorgänge ankommt, vor ihrem Erlaß noch einmal dem Gutachten industrieller Sachverständiger, insbesondere in diesem Stadium den industriellen wirtschaftlichen Vereinen vorzulegen. Das Direktorium des Centralverbandes Deutscher Industrieller ist einstimmig der Auffassung gewesen, daß ein derartiges Zusammenarbeiten gerade in diesem Stadium für die deutsche Industrie von sehr großem Nutzen sein würde, und daß sich, wie wir glauben, vielfach unbeabsichtigte Härten und Schwierigkeiten vermeiden lassen, die sich naturgemäß daraus ergeben, daß die Kenntnis der technischen und wirtschaftlichen Voraussetzungen der einzelnen Produktionsstadien in den industriellen Betrieben bei den Behörden nicht so intim sein kann wie bei den Industriellen selbst. Der Centralverband Deutscher Industrieller stellt seine Sachkunde und seine Beziehungen zu den einzelnen industriellen Betrieben auch in dieser, für die deutsche Industrie bedeutsamen Angelegenheit, Euer Exzellenz gern zur Verfügung. Wir bitten darnach gehorsamst bestimmen zu wollen, „daß die Entwürfe von Verordnungen und Verfügungen, welche auf Verhältnisse industrieller Betriebe einwirken, namentlich soweit sie auf Grund des § 120 e der Gewerbeordnung ergehen, in ihrem endgültigen Wortlaut vor der Veröffentlichung dem Centralverbande Deutscher Industrieller zur Geltendmachung etwaiger Bedenken vom Standpunkt der Technik und Betriebswirtschaft aus zur Kenntnis gebracht werden".

III.

Literatur.

H. A. Bueck: Der Centralverband Deutscher Industrieller 1876—1901.

In drei starken Bänden ist nunmehr die Geschichte des Centralverbandes Deutscher Industrieller von dem Geschäftsführer H. A. Bueck den Mitgliedern vorgelegt worden. Der Chronik des Centralverbandes, in der die äußere Entwickelung, seine Organisation und die freundlichen und feindlichen Beziehungen zur Regierung sowie den politischen und wirtschaftlichen Parteien geschildert werden, folgt in zwei großen Hauptabschnitten die Darstellung der Tätigkeit des Centralverbandes auf seinen bedeutsamsten Arbeitsgebieten, der Zoll- und Handelspolitik, im ersten Bande, und der Sozialpolitik, von denen der zweite Band der Arbeiterversicherung, der dritte der Arbeiterschutzgesetzgebung gewidmet ist.

Wie der gesamten Darstellung ein Abriß der Geschichte der deutschen Wirtschaftspolitik im 19. Jahrhundert vorausgeht, so wird auch bei den einzelnen Materien danach gestrebt, die Arbeit des Centralverbandes in den allgemeinen Zusammenhang der jeweiligen wirtschaftspolitischen und sozialpolitischen Anschauungen der Regierung, der Parteien, der öffentlichen Meinung hineinzustellen. Die Darstellung der Tätigkeit des Centralverbandes selbst ist aufgebaut auf dem Material, das die Akten des Centralverbandes und der ihm befreundeten Verbände, vor allem des Vereins Deutscher Eisen- und Stahl-Industrieller und des Vereins zur Wahrung der gemeinsamen wirtschaftlichen Interessen in Rheinland und Westfalen ergaben. Daneben ist auch die persönliche Erinnerung des Verfassers des Werkes, der ja dem Centralverbande von seiner Gründung an besonders nahe gestanden hat und seit 1887 sein Geschäftsführer ist, für die Schilderung weniger der Tatsachen als der Stimmungen und Motive der handelnden Personen verwertet worden. In der Hauptsache aber gibt das Werk den Inhalt der „Verhandlungen, Mitteilungen und Berichte", namentlich der Niederschriften über die Verhandlungen in den Generalversammlungen und den Ausschußsitzungen des Centralverbandes in umfassender Weise wieder.

Ueber den Zweck insbesondere der ausführlichen Mitteilungen über die Tätigkeit des Centralverbandes auf dem Gebiete der Sozialpolitik, die den Inhalt der letzthin erschienenen beiden Bände ausmachen, spricht sich H. A. Bueck in dem Vorworte zum zweiten Bande folgendermaßen aus:

Zunächst möchte ich als Beweis für die Bedeutung, die der Centralverband in dem öffentlichen Leben unseres Vaterlandes erlangt und behauptet hat, die Tatsache ansehen, daß er von zahlreichen Gegnern unablässig und unermüdlich angegriffen und verdächtigt wird. Zu diesen Angriffen gehört die bei jeder Gelegenheit wiederkehrende Anschuldigung, daß der Centralverband der von dem großen Kaiser und seinem treuen Berater, dem ersten Reichskanzler, eingeleiteten Arbeiterfürsorge auf allen Gebieten in scharfer Weise widerstrebt hat.

Ich habe mir die Aufgabe gestellt, in dem zweiten und dritten Bande den aktenmäßigen Beweis für alle Zeit zu liefern und damit festzustellen, daß der Centralverband die in der ewig denkwürdigen Botschaft des großen ersten deutschen Kaisers vom 17. November 1881 verkündeten sozialen Reformen und deren spätere Durchführung auf den Gebieten der Arbeiterversicherung und des Arbeiterschutzes nachdrücklich und wirkungsvoll, wie wenige, in ernster, mühevoller und umfassender Arbeit gestützt und gefördert hat.

Wer die sozialpolitische Bewegung und Gesetzgebung eingehend verfolgt, muß erkennen, daß das bisher Geschehene nicht als Abschluß angesehen werden kann. Die besonders Deutschland eigentümlichen Verhältnisse drängen zu immer weiteren Schritten auf diesen Gebieten. Besonders liegt in der Arbeiterversicherung und dem chronologischen Aufbau dieses einzig in der Welt dastehenden großen Werkes die innere Notwendigkeit fortlaufender umgestaltender Reformarbeit. Die Mitarbeit an diesem Reformwerke wird bei der, vorläufig für unabsehbare Zeit herrschenden sozialen Strömung für die deutsche Industrie ungemein bedeutungsvoll sein. Harte und schwere Kämpfe werden ihr bevorstehen. Dabei dürfte es für die Mitglieder des Centralverbandes, die berufen sein werden an diesen Kämpfen mitzuwirken, unter Umständen zweckmäßig sein, sich auf die früheren Verhandlungen und Beschlüsse des Centralverbandes berufen zu können. Die übersichtliche Zusammenfassung des betreffenden

Materials in dem zweiten und dritten Bande dieser Geschichte des Centralverbandes soll in den gegebenen Fällen die Benutzung dieses Materials erleichtern.

Als ein Handbuch der deutschen Wirtschafts- und Sozialpolitik während der letzten drei Jahrzehnte und als eine zusammenfassende Wiedergabe der Stellung, die der größte Teil der deutschen Industriellen zu ihren einzelnen Phasen eingenommen hat, wird Bueck's umfassendes Werk, das dem Industriellen wie dem Politiker, vor allem auch den Geschäftsführern der wirtschaftlichen Interessenvertretungen reiches Material darbietet, nicht nur für die Wirtschaftsgeschichte, sondern auch im Kampfe des Tages von Nutzen sein.

Dr. **Leidig.**

Druck: Deutscher Verlag (Ges. m. b. H.), Berlin SW 11. 51165

FSC
www.fsc.org
MIX
Papier | Fördert gute Waldnutzung
FSC® C083411

Kolibri 360 GmbH
Ferdinand-Jühlke-Straße 7
99095 Erfurt, Deutschland
produktsicherheit@kolibri360.de